Markus Kiel

Ehre, Treue und Kameradschaft: die SS-Zeitung „Das Schwarze Korps“

agenda

Markus Kiel

Ehre, Treue und Kameradschaft: die SS-Zeitung „Das Schwarze Korps“

Ein kritischer Blick auf die Zeitung der Schutzstaffeln (SS) der NSDAP von 1935-1945

Preis 15 Pf.

Berlin, 21. November 1935

38. Folge 1. Jahrgang

Das Schwarze Korps

ZEITUNG DER SCHUTZSTAFFELN DER NSDAP

Organ der Reichsführung SS

agenda Verlag

Münster

2024

Bibliographische Information der Deutschen Nationalbibliothek

Die Deutsche Nationalbibliothek verzeichnet diese Publikation in der Deutschen Nationalbibliografie; detaillierte bibliographische Daten sind im Internet über http://dnb.dnb.de abrufbar.

Drubbel 4, D-48143 Münster
Tel. +49-(0)251-799610
info@agenda.de, www.agenda.de

Druck und Bindung: TOTEM, Inowroclaw, Polen

ISBN: 978-3-89688-843-3

Inhalt

Einleitung

2025 ist es 90 Jahre her, dass die erste Ausgabe der Zeitung „Das Schwarze Korps – Zeitung der Schutzstaffeln der NSDAP – Organ der Reichsführung SS“ erschien. Zehn Jahre lang, von 1935 bis 1945 erschien sie wöchentlich.

Die sich als elitär verstehende und gegen das „alte System“ und bedingungslos für das nationalsozialistische System kämpfende Zeitung vertrat hierbei uneingeschränkt die Grundideen der Schutzstaffeln. Der Hauptschriftleiter d'Alquen, ein junger aufstrebender, bei vielen alten Eliten aneckender, Nationalsozialist, stellte hier ein Zeitungsprojekt auf, das zu Beginn von zwei und später mit bis zu acht Mitarbeitern verantwortet wurde. Diese Zeitung wurde – so Frei / Schmitz, S. 101f – im Dritten Reich neben der Zeitung „Das Reich“ zu einer der Auflagenstärksten Zeitungen. Gestartet wurde 1935 mit knapp 70.000 Exemplaren, 1944 gab es knapp 750.000 Exemplare.

Die Herausgeber griffen aber nicht nur alte Eliten an, sondern bedienten sich der für die Zeit typischen Stereotype, legten Rollenbilder im nationalsozialistischen Sinne fest, idealisierten ihre (nicht für jedermann zugängliche) SS-Ordensgemeinschaft, griffen Verwaltung und Justiz an wenn Urteile oder Vorgänge nicht im SS-Sinne erschienen und dienten der Bevölkerung als „Kummerkasten“ gegen sog. „Parteibonzen“ sowie als Denunziationsplattform. Sie gaben sich im Verhältnis zu anderen Zeitungen weniger angepasst, moderner und punktuell fast schon revolutionär.

Die Arbeit wird sich im mit einem Querschnitt, aus 90 sich in meiner privaten Sammlung befindenden Exemplaren des „Das Schwarze Korps“ (im weiteren Verlauf „SK“ abgekürzt) der Jahre 1935 bis 1945, auseinandersetzen. Diese Zeitungen erwarb ich käuflich, über eine Internetplattform, aus Berlin. Dort kam auch der Abonnent Heidinger her, der die Zeitung von 1935-1945 las. Die letzte Ausgabe in meinem Besitz ist vom März 1945, die insgesamt letzte Ausgabe erschien zu Hitlers Geburtstag im April 1945.

Bereits vor über 55 Jahren erschien ein Standardwerk zu der Zeitung. Heiber und von Kotze veröffentlichten mit Facsimile 1968 erstmals einen Sammelband des „Schwarzen Korps“. Die in diesem Werk abgelichteten Exemplare respektive deren Inhalte werden zu einem kleinen Teil für meine Ausarbeitungen zur Ergänzung herangezogen.

Diese Arbeit wird keine wissenschaftliche Arbeit im eigentlichen Sinne sein. Es wird auf die Entstehung der SK eingegangen, worauf eine Kurzbeschreibung der Hauptakteure der Zeitung und deren Verhältnis zu Hitler, Goebbels und Himmler folgen wird. Auf nebenstehende Akteure der von acht Redakteuren und bis zu 25 Angestellten herausgegebenen Zeitung wird verwiesen werden. Schwerpunkt wird aber vielmehr die Darstellung der Zeitungen sein.

Alle Fotos sind von Exponaten meiner Sammlung (Sammlung Markus Kiel – SMK). Bei den wenigen Ausnahmen wo dem nicht so ist habe ich die Herkunftsbezeichnung/-verwendung hinzugefügt.

Auf die primär in der Zeitung behandelten Themen wird in jeweiligen Kurzkapiteln eingegangen. Zu diesen Hauptthemen zählen Kirche/Sexualmoral, der Antibolschewismus, Verwaltung und Bürokratie, der Antisemitismus, die sog. „Anti-Welt“ (definiert durch Behinderte, Kriminelle, „Asoziale“, „Zigeuner“ und andere sogenannte „Volksschädlinge“). Besonders herausragend ist die Vorgehensweise gegen die, durch das NSDAP-Parteibuch in Posten gehievte, „Bonzen“, eine vermeintlich lasche Justiz und ein überbordender (Partei- und Zivil-) Verwaltungsapparat. Die Stellung der Jugend und besonders der Frau und jungen Mutter innerhalb der SS-Zeitung wird explizit dargestellt. Im Anschluss werden einzelne Zeitungen fotografisch dargestellt und einige Inhalte skizziert. Sollte eine in der Zeitung diskriminierend dargestellte Gruppe hier nicht oder kaum erwähnt oder je nach Sichtweise zu gering betrachtet und beleuchtet worden sein, hat das keinen bewertenden Grund.

Neben den o.g. Themen werden Sterbe- und Geburtsanzeigen im SK dargestellt. Diese spiegeln stark den Geist der SS wieder. Ebenso werden ausgesuchte Werbeanzeigen verschiedener Unternehmen aus der Zeit von 1935-1945 dargestellt.

Es wird auf eine Auswahl von mehreren Zeitungen aus der insg. 90 Exemplare umfassenden Sammlung zugegriffen werden. Das geschieht größtenteils durch die Ablichtung der Hauptschlagzeile der jeweiligen Ausgabe und zum Teil durch die Darstellung hervorstechender Inhalte. War zu Beginn des Projektes angedacht, dass jede einzelne Zeitung inhaltlich in Form einer Kurzdarstellung abgelichtet wird, ergab sich im Laufe der Ausarbeitung, dass das thematisch und inhaltlich keinen Sinn ergibt. Somit beschränkt sich dieses Werk auf die Darstellung aller Titelbilder und vereinzelter interessanter Artikel.

In ganz wenigen Fällen greife ich auf SS-Zeitungen zurück, die für jeden unter der Adresse archive.org zugänglich sind (vereinzelt heruntergeladen in den Jahren 2013-2022).

Abschließend wird die SS nach 1945 anhand der ab 1951 erscheinenden HIAG-Zeitung erörtert. Es wird sich herausstellen, dass auch hier der Korps-Geist nach wie vor stark vertreten ist. Ein kameradschaftlicher Einsatz füreinander mittels eines eigenen Sozialwerks, sei bspw. exemplarisch erwähnt.

An dieser Stelle danke ich dem agenda-Team und Herrn Michael Schneeberger für die Unterstützung bei der Verwirklichung dieses Projektes. Es handelt sich um das dritte gemeinsame Vorhaben. Neben einem Projekt zum NSDAP-Kreisleiter meiner Heimatstadt Wuppertal folgte zweieinhalb Jahre später eine Veröffentlichung zum dortigen Polizeipräsidenten und Mitinitiator eines wilden KZ.

Besonders meiner Frau Katja und meiner Tochter Sofie danke ich für das mal wieder aufgebrachte Verständnis in vielerlei Hinsicht. Auch dieses Buch sei den beiden gewidmet. Und denkt besonders dran (ihr wisst wie ich es meine): Gesundheit ist alles!

Wülfrath im Frühjahr 2024

Die Hauptakteure der Zeitung – die Schriftleitung

Hauptschriftleiter Gunter d'Alquen

Zweifellos der tragende Hauptakteur des SK war der 1910 in Essen geborene Gunter d'Alquen. Mit knapp 17 trat er – sein Geburtsdatum hatte er gefälscht – der NSDAP bei, 1931 der SS. Nach seinem Abitur begann er ein Studium, brach dieses ab und wandte sich hauptberuflich dem Journalismus zu. Nachdem er bei Goebbels Zeitung „Der Angriff" nicht angenommen wurde, wurde er Volontär in der „Bremer Nationalsozialistischen Zeitung" und besserte seine mit 40 Reichs-Mark dotierte Stelle mit kleinen Artikeln im „Völkischen Beobachter" auf. Nach dem Zerwürfnis mit dem Hauptredakteur in Bremen ging er nach München und wurde in die Schriftleitung des „Völkischen Beobachters (VB)" aufgenommen. Dort entwickelte er eine Freundschaft zu dem 1946 in Nürnberg hingerichteten Alfred Rosenberg.

Im Wahljahr 1932 war d'Alquen in der Verantwortung, von sämtlichen Wahlkampfveranstaltungen Hitlers zu berichten. Ende 1933 wurde er in Berlin beim VB Chef des Innenressorts. Unzufrieden mit dieser Tätigkeit, die er als langweilig und konform bezeichnete, wechselte er 1934 nun doch endlich in das von Goebbels geleitete Redaktionsteam des „Angriff", jedoch stieß er alsbald mit dem Propagandaminister inhaltlich zusammen, weil Letztgenannter d'Alquens Radaktionsprogramm als Provokation auffasste. Laut Zeck (Heiber/von Kotze zitierend) charakterisierte d'Alquen den „Sinn und Zweck seines Zeitungsprogramms und seine Vorstellung von einer effizienten Arbeitsweise eines Hauptschriftleiters (…)" in einem Satz des eingereichten Programms, wonach ‚eine Orgel auch mit Giftgas betrieben werden (könne), wenn nur das Manual richtig bedient werden würde.'

Seine kuriose Vorstellung von Opposition – die SA war nun seit Sommer 1934 im Rahmen der Niederschlagung des sog. „Röhm-Putsches" ausgeschaltet und der „revolutionäre" Geist der Nationalsozialisten war dem Geist des spießigen Kleinbürgertums innerhalb der Partei gewichen – war allerdings absolut loyalen Ursprungs, faktisch eine „contradictio in adiecto". Heißt: dem Begriff, hier dem der Opposition, wird etwas Beliebiges zur Erörterung hinzugefügt, ergibt aber dennoch einen Widerspruch. Die Idee an sich ist damit absurd geworden (vgl. Zeck, S. 22).

1935 zum SS-Sturmbannführer befördert dachte der pikierte und persönlich verletzte d'Alquen darüber nach den VB zu verlassen, erhielt aber vom – 1938 aus der SS wegen des Vorwurfs der Homosexualität entlassenem – SS-Gruppenführer Curt Wittje (Hinrichtung im März 1947) die Anregung der Gründung einer eigenen Zeitung. Dieses Vorhaben wurde vom Reichsführer-SS Heinrich Himmler befürwortete und d'Alquen alsdann von ihm zusätzlich zum Obersturmbannführer befördert und in seinen persönlichen Stab berufen.

Die Hauptaufgabe d'Alquens in der Zeit von 1935 bis 1945 war nun die Herausgabe des SK. Auf weiteren Aktivitäten d'Alquens wird an dieser Stelle nicht weiter explizit eingegangen, so bspw. weder auf seinen propagandistischen Einfluss auf den Film „Der ewige Jude" noch auf sein Wirken bzgl. der Propaganda in der sog. „Wlassow-Armee", einer nach dem 1946 in der UdSSR hingerichteten General Wlassow benannten und ab Herbst 1944 auf Anregung Himmlers unter russischen Kriegsgefangene rekrutierten antisowjetische Armee im Kampf an der Ostfront. Dieses alles würde den Umfang und die eigentliche Intention des Buches sprengen.

Im November 1944 musste d'Alquen ins Lazarett Scharlach auskurieren, dort blieb er bis Mitte Februar 1945. Noch nicht genesen trat er seinen Dienst wieder an, erlitt einen Schwächeanfall und wurde von Himmler persönlich beurlaubt, was für den, so Zeck, „ruhelosen, fanatischen und hyperaktiven Menschen, der sich von Extremsituationen herausgefordert sah und in Zeiten der Krise selbst notwendige Regenerationsphasen als unerträglich empfand" eine Qual gewesen sein muss. Danach reiste er zu seiner Einheit nach Kärnten in Österreich um zusammen mit freiwilligen SS-Angehörigen aus Serbien und Slowenien eine Zusammenarbeit gegen die stetig vorrückende Rote Armee aufzubauen. Er reiste nach dem Misserfolg nach Berlin ab und wurde kurz vor Kriegsende, am 2. Mai 1945, noch Chef der Propagandatruppen. Wenige Tage später kontaktierte ihn, den zwischenzeitlich dann erneut rastlosen und wieder nach Österreich Gereisten, der britische Generalfeldmarschall Montgomery und forderte ihn zur Kapitulation auf. Danach, im italienischen Rimini mitsamt seinem persönlichen Stab inhaftiert und verhört, wurde der nun ehemalige Chefpropagandist und Hauptschriftleiter in die USA ausgeflogen. Entgegen damaliger Gerüchte war der 35-jährige Karrierist jedoch nicht als Propagandaberater zum US-amerikanischen Geheimdienst übergewechselt, sondern arbeitete zusammen mit Engländern und Amerikanern das noch existierende NS-Propagandamaterial inhaltlich auf.

1950 gründete er unter britischer Beobachtung in Bielefeld die „Deutsche Bruderschaft", eine Art Ordensgründung, zu der, hochrangige ehemalige Mitarbeiter des „Schwarzen Korps", der Zeitungen „Der Angriff" und „Das Reich", ebenso Goebbels Staatssekretär und zahlreiche hochrangige Wehrmachtsoffiziere eingeladen worden waren. Im gleichen Jahr wurde d'Alquen als Hauptschuldiger im Entnazifizierungs-Spruchkammerverfahren, so Zeck, zu einer Geldstrafe in Höhe von 60.000 DM als Sühneleistung verurteilt. Das Urteil gründete sich auf seine Tätigkeit als Verantwortlicher des SK. „In den über 500 Folgen des Schwarzen Korps habe er das terroristische Willkür- und Gewaltregime Hitlers und Himmlers in einer Weise gefördert, die ihn neben NS-Propagandisten wie Goebbels und Streicher stellte." 1958 wurde er, nun in Mönchengladbach lebend, erneut verurteilt, hier zu einer weiteren Geldstrafe in Höhe von 28.000 DM, da bei dem ersten Urteil sein Vermögen (eine 45.000 DM teure Villa am Berliner Wannsee im Kronprinzessinnenweg 16, weitere Grundstücke und ein Sparvermögen in Höhe von 50.000 DM) nicht berücksichtig worden war.

Er gründete in Rheydt (Mönchengladbach) ein Möbelstoffunternehmen, zog sich 1993 aus dem Unternehmen zurück und starb im Mai 1998.

Rudolf aus den Ruthen, d'Alquens Stellvertreter

D'Alquens Stellvertreter beim SK war der 1913 in Bremen geborene und 1990 in Garlstedt/Niedersachsen verstorbene Rudolf aus den Ruthen. Wie auch Gunter d'Alquen war er bei der „Bremer Nationalsozialistischen Zeitung" angestellt und wurde dort zur gleichen Zeit wie sein späterer Chef entlassen. 1931 der NSDAP und 1934 der SS beigetreten, war der SS-Untersturmführer danach in Stralsund bei einem Zeitungskonzern beschäftigt bis ihn sein ehemaliger Kollege und SS-Kamerad zum stellvertretenden Hauptschriftleiter des neugegründeten SK berief.

Als d'Alquen verstärkt bei der Wehrmacht eingesetzt war übernahm Ruthen kommissarisch die Leitung des SK. Beruflich trat er nicht sehr hervor, jedoch stand sein Privatleben oftmals in Widerspruch zu den Leitsätzen der SS. Bei zwei seiner Bräute, die vor der Hochzeit von der SS üblicherweise auf „Rassenreinheit" hin untersucht wurden, stand nicht fest ob diese jüdischer oder kubanischer Abstammung waren. Jedoch: aufgrund seines bisherigen Engagements für die SS genehmigte Reichsführer-SS Himmler die Hochzeit im letzteren Fall, denn „eine zweimalige Ablehnung für den verdienten SS-Mann (erschien ihm) als überaus arge Zumutung. Diese ‚Ausnahmeentscheidung' verweist als gutes Beispiel auf die Inkonsequenz des Apparates, wonach über entsprechende Beziehungen auch kulante Entscheidungen getroffen wurden, die der herrschenden ideologischen Meinung zuwiderliefen." (Zeck S. 70)

1940 bis zum Kriegsende war er Kriegsberichterstatter in der SS-Standarte Kurt Eggers, dessen Standartenführer ebenfalls sein SK-Chef Gunter d'Alquen war. Nach 1945 aufgrund eines „automatic arrest" (d.h. eine Inhaftierung alleine aufgrund seiner Funktion im NS-System, nicht aufgrund nachgewiesener konkreter individueller Schuld) vier Jahre inhaftiert, schloss er sich der 1945 gegründeten und ab 1946 als rechts eingestufte Partei „Deutsche Partei" an.

Diese war nationalkonservativ, antisozialistisch und Ständeorientiert ausgerichtet. Hier wurde er bis 1961 der Geschäftsführer und saß für die Partei einige Monate als Abgeordneter in der Bremer Bürgerschaft. 1966 zog er ins niedersächsische Garlstedt (aus: „Bremische Bürgerschaft", S. 57). Dort verstarb er 24 Jahre später im Jahre 1990.

Ein weiterer Hauptakteur – der Bruder von Gunter, Rolf d'Alquen

Neben d'Alquen und aus den Ruthen waren noch weitere junge SS-Angehörige an der Herausgabe und Gestaltung der SK beteiligt, so bspw. auch Rolf d'Alquen. Der 1912 in Essen geborene jüngere Bruder des Hauptschriftleiters Gunter d'Alquen machte eine kaufmännische Ausbildung, arbeitete danach in einer Spedition in Bremen und schloss sich 1931 der NSDAP und 1932 der SS an. Journalistisch ambitioniert war er 1933 dann als Pressereferent in der bayrischen Landesleitung der „Nationalsozialistischen Volkswohlfahrt NSV" tätig, wurde 1934 Leiter der dortigen Presse- und Propagandaabteilung und war ab 1935 Schriftleiter beim SK. Der mit einem sehr niedrigen Dienstgrad versehene SS-Rottenführer wurde auch erst ein Jahr nach seiner Tätigkeit beim SK zum SS-Untersturmführer berufen.

Rolf d'Alquen, Träger des SS-Totenkopfringes (SS-Nummer 35792, vgl. Patzwall, S. 132), war, ebenso wie sein Bruder Gunter und dessen Vertreter aus den Ruthen, später Kriegsberichterstatter in der SS-Standarte Kurt Eggers. 1944 wurde er hier zum SS-Hauptsturmführer befördert. Er starb im März 1993.

Zeck resümiert bezüglich der drei genannten „alten Kämpfer" der SS und NSDAP: diese seien sehr engagiert und intensiv, selbstständig und effektiv arbeitende Männer gewesen. Mit 22-25 Jahren noch sehr jung, entstammten sie, ähnlich der Gestapo-Elite, dem bürgerlichen Milieu und sie verband „restauratives Ordnungsstreben mit antisemitischen Vorstellungen. Diese Ideale wurden ins Extreme gesteigert zum Zweck des Hinarbeitens auf einen letztlich nie verwirklichten, aber dennoch stets angestrebten SS-Staat. (...) Das Fundament ihrer weltanschaulichen Entwicklung war eine antichristliche Grundhaltung, die mit der Zentralidee der SS, einem spezifischen Rassen- und Herrschaftsideal, einer Art „SS-Biologismus" korrespondierte." (Zeck, S. 73 f.)

Weitere Mitarbeiter im SK

Weitere regelmäßige Mitarbeiter, auf die nur rudimentär eingegangen wird, waren laut Aufführung bei Zeck unter anderem: Walter Hofmann, Hans Schweitzer oder auch Walter Best.

Walter Best war ein SS-Sturmbannführer. Der 1984 verstorbene Schriftsteller und Dramaturg, war ebenfalls unter d'Alquen als SS-Kriegsberichterstatter tätig und setzte sich nach 1945 für behinderte Kinder ein.

Ein weiterer Akteur war Heinar Schilling. Der Sohn des Erbauers des Niederwalddenkmals in Rüdesheim am Rhein, war ein sechsmal verheirateter Dramaturg und Schriftsteller. Er wurde kurzzeitig von den Nationalsozialisten inhaftiert, letztendlich aber doch noch 1945 mit einer NS-Professur ausgezeichnet. Der Literat verstarb 1955 im Alkohol- und Drogendelir in Schleswig-Holstein.

Ein anderes Beispiel ist Werner Petersen. Der Abteilungsleiter beim Reichsbauernführer Walter Darré zeigte sich verantwortlich für die Seite „Der Nordische Mensch“ im SK. Nach ideologischen Auseinandersetzungen mit den drei o.g. Hauptverantwortlichen wurde diese Seite nicht mehr im SK aufgenommen. Eine Beschwerde bei Darré und Himmler hatte keinen Erfolg.

Weitere Mitwirkende waren Felix Reimkasten, der Kolumnen über Prosa und Literaturkritik verfasste, Wilhelm Petersen zeichnete Karikaturen, und als einzige Frau im Team, lieferte Lore Weskamp Fotografien für das SK.

Weitere am Rande auftretende Mitarbeiter werden bei Zeck aufgeführt, unter anderem Herbert Reinecker (1914-2007). Reinecker war ein in Hagen geborener Autor, schrieb in den 1970er Jahren unter anderem die Krimiserie „Derrick“, in der der in (Wuppertal-) Elberfeld geborene ehemalige Waffen-SS-Grenadier Horst Tappert (1923-2008) die Hauptrolle spielte.

Züchner erwähnt, dass verschiedene NS-Zeitungen in der Anfangszeit die gleiche Adresse hatten, so waren „Der Angriff“, der „Völkische Beobachter“ und auch das „Schwarze Korps“ der SS allesamt in Berlin in der Zimmerstraße 88-91 untergebracht.

Auch der 1964 mit nicht einmal 50 Jahren bei einem Verkehrsunfall verstorbene Wuppertaler Kurt Frowein, persönlicher Referent und privater Gast bei der Familie von Propagandaminister Joseph Goebbels, hatte hier sein anfängliches Tätigkeitsfeld, war aber, anders als viele seiner Kollegen, lediglich Mitglied der Partei, nicht aber der SS.

„Der politische Soldat“ – Kolumne im „Schwarzen Korps“ des völkischen Schriftstellers Gustav Frenssen.

Der nordfriesische Schriftsteller und Dichter Gustav Frenssen verfasste die auch in diesem Werk abgelichtete Seite „Der politische Soldat“ und war „Kirchenexperte“. Frenssen starb im April 1945 knapp 87-jährig. Unter anderem schrieb der das Buch „Lebenskunde“ in dem er zur Tötung allen „unwerten Lebens“ aufrief. Dieser Begriff, auf Frenssen wird noch an anderer Stelle eingegangen werden, war extrem weit gesteckt.

Der 1890 geborene Wülfrather Werner Jansen, Landarzt, Schriftsteller und später Professor von Hitlers Gnaden ohne Habilitation, verfasste Unterhaltungsartikel. Er sollte nach dem Krieg eine Heldensage über seinen Duz-Freund Reichsführer SS Himmler erstellen, verstarb jedoch 1943 an einer Krankheit. So wurde sowohl sein 50. Geburtstag als auch sein Tod im SK gewürdigt.

Der professionell agierende Journalist Hans Schwarz van Berk, 1902 in Wermelskirchen geboren, gehörte um 1930 zu dem eher linken NSDAP-Flügel um Otto Strasser. Er gab Goebbels Schriften zur Kampfzeit später im Jahre 1935 heraus, schrieb später für die Zeitung „Das Reich“ und wurde, von Goebbels und Gunter d'Alquen geschätzt, bis 1945 zum SS-Obersturmführer befördert (Zeck, S. 84). Nach Frei/Schmitz war Schwarz van Berk nach 1945 nicht mehr im journalistischen Bereich tätig und ging einer Tätigkeit in der Werbebranche nach. Er starb 1973. Seine Gesinnung schien sich in den Jahren nach 1945 gewandelt zu haben. So schrieb der Hamburger „Spiegel“ in einer Kurznotiz: „Schwarz von Berk, 56, ehemals prominenter NS-Journalist („Das Reich“, „Das schwarze Korps“), antwortete auf die Frage eines amerikanischen Studenten, welche politische Richtung er heute vertrete: „Ich finde, die einzige Partei, die man seit Jahren wählen kann, ist die SPD, und der gebe ich meine Stimme““ („Der Spiegel“, online-Archiv, 9/1964 vom 25.02.1964).

Laut den Erinnerungen Gunter d'Alquens, nach dem Krieg, waren neben Parteigrößen wie Himmler, Göring, Ley, Seyß-Inquart, von Schirach, Sauckel, Rosenberg, Heydrich und weiteren auch Schriftsteller wie Gottfried Benn oder Erich Kästner Autoren des SK. Zeck resümiert hierzu: „Bei der Durchsicht der einzelnen Ausgaben konnte allerdings kein Artikel gefunden werden, der von diesen gezeichnet war, was jedoch im Hinblick auf die übliche Praxis anonymer Veröffentlichungen kein Beweis für das Gegenteil darstellt.“ (S. 87) Ob d'Alquen ggf. den Schriftsteller Kästner diskreditieren wollte konnte ebenfalls nicht eruiert werden. Zur Erinnerung: Kästner wohnte als einziger

Autor 1933 der öffentlichen Verbrennung seiner Werke durch die Nationalsozialisten bei. In der Sammlung des Autors fand sich ebenfalls kein namentlich gekennzeichneter Artikel Kästners.

Fernab davon und selbst wenn dem so gewesen wäre: wie heißt es – und im Fortfolgenden wird deutlich, warum aus dieser hier zitiert werden muss! – in der Bibel? „Was siehst du den Splitter im Auge deines Bruders, aber den Balken in deinem eigenen nicht?" oder „Wer von euch ohne Schuld ist werfe den ersten Stein!" SS-Sturmbannführer Giselher Wirsing, der Chefredakteur der Propagandazeitung „Signal" gewesen war, 1945 verhaftet wurde und ab 1946 für den US-Geheimdienst spitzelte, war 1948 Mitbegründer der konservativ-evangelischen Zeitung „Christ und Welt". In der Redaktion von „Christ und Welt" betrachtete man seine SS-Mitgliedschaft als „rein formal" (Frei, S. 265). Als „Mitläufer" entnazifiziert, mit einer Geldstrafe von 500 DM „gestraft", gab sich der ehemalige SS-Offizier in den 1950er Jahren liberalkonservativ und wurde schlussendlich nur noch von den „übriggebliebenen Rechten" (Frei/Schmitz, S. 180) als Opportunist bezeichnet. Ansonsten wurde über ihn und seine Vergangenheit geschwiegen.

Somit sollten sich hier andere Institutionen eher weiterhin mit diesen Fakten beschäftigen als wenn ein vom NS-System diskreditierter und verfolgter Schriftsteller unter Umständen aus der Not heraus ggf. doch einen bezahlten Artikel über politisch belanglose Dinge im SK geschrieben hätte haben können.

Fernab davon: das frühzeitige Bekanntmachen der damaligen SS-Zugehörigkeit hätte sich u.U. eher konstruktiv als negativ ausgewirkt, denn viele Prominente hatten Waffen-SS-Mitgliedschaften inne. So waren der Vater des ehemaligen Ministers Jürgen Trittin (Klaus Trittin, vgl. www.focus.de vom 14. November 2012), der bereits oben erwähnte Wuppertaler Schauspieler und „Derrick"-Kommissar Horst Tappert (vgl. „Westdeutsche Zeitung" vom 30. April 2013, vgl. Stutte/Lucks, S. 249 ff.), der Literatur-Nobelpreisträger, das „moralische" Gewissen der Nachkriegszeit und SPD-Wahlkampfhelfer Günter Grass, oder auch der auf „Unternehmer und „Metro"-Gründer Otto Beisheim Mitglieder dieser Organisation (vgl. „DMZ-Sonderausgabe: Die Waffen-SS"). Der langjährige Spiegelredakteur und Autor des auch in diesem Buch zitierten Standardwerkes „Der Orden unter dem Totenkopf", Heinz

Höhne, schreibt zu der Aufdeckung von Grass' SS-Mitgliedschaft: „Skandalös ist nicht, daß Grass bei der Waffen-SS war, sondern daß er dies so lange verschwiegen hat. Und auch das ist an sich noch kein Skandal, sondern nur deshalb, weil er sich über Jahre und Jahrzehnte als ‚Moralpapst' in Fragen deutscher Schuld und Verantwortung aufgeführt hat." („Junge Freiheit" 35/06, S. 3).

„Der Fall des Moralisten" Günter Grass (SPD) im Sommer 2006 und Fotocollage im Sommer 2013 zu Horst Tappert („Derrick") und zur Offenlegung derer beider SS-Mitgliedschaften.

Andere, hier: NSDAP-Parteigenossen, wurden sechseinhalb Jahrzehnte nach Kriegsende als NSDAP-Mitglieder „entlarvt", sie waren zum Zeitpunkt des (nicht immer freiwilligen) Eintritts in der totalitär überwachten Kriegszeit teilweise grade erst 18 Jahre alt, so bspw.: der Politologe Irving Fetscher, der Kinderbuchautor James Krüss sowie der ehemalige Chefredakteur der Zeitung „Spiegel" und „Welt" Claus Jacobi. Des Weiteren zu benennen sind der Philosoph und Begründer der soziologischen Systemtheorie Niklas Luhmann, der „BILD"-Zeitungs-Chef (und Sprecher des ehemaligen Bundeskanzlers Helmut Kohls) Peter Boenisch, ebenso auch der FDP-Politiker und spätere Außenminister Hans-Dietrich Genscher (vgl.: „Stern", 24 / 2011 vom 9.6.2011, S. 94 ff.).

Der ehemalige Waffen-SS-Mann Otto-Ernst Duscheleit, der mit seiner persönlichen Geschichte an die Öffentlichkeit ging, hielt in seinem 2006 erschienenem Werk „Von der Waffen-SS zum Friedensdienst“ bei der Musterung von ihm und seiner Kameraden vom Reichsarbeitsdienst fest: „Niemand von uns 17-jährigen wollte nach dreieinhalb Kriegsjahren in die Eliteeinheit des Führers. Jetzt schrie der Offizier: ‚Vaterlandsverräter! Ihr wollt deutsche Soldaten sein? Arbeitsbrigade sofort antreten. Und damit ihr es wißt: Entweder ihr meldet euch freiwillig zur Waffen-SS oder ihr kommt ins Strafbataillon‘. (…) Ich zur SS? Die antichristliche Einheit des Führers? (…) Nie! Nie! (…) Deshalb zögerte ich. Doch dann dachte ich an das Strafbataillon und unterschrieb.“ (S. 14).

Der aus KPD-USPD-Haus stammende Waffen-SS-Mann Günter Lucks folgte dem Einberufungsbefehl zum Volkssturm im Januar 1945 als 16-jähriger und wurde Anfang März mitsamt seiner gesamten Ausbildungseinheit von der Waffen-SS „einkassiert“. Am 2. Mai 1945 wurde er verwundet, am 15. Mai geriet er in einem Lazarettzug in russische Kriegsgefangenschaft (Lucks / Stutte, S. 17f., S. 37f., S.53, S. 84, S.93). Nach fünf Jahren kam er, nach 8 Wochen Einsatz, für die Waffen-SS nach Hamburg zurück. Damals 17-jährige waren nicht so erzogen, dass sie sich offensiv Älteren und vermeintlichen Autoritäten entgegenstellten.

Soviel zur Freiwilligkeit des Beitritts vieler damaliger SS-Soldaten im Alter von 16-20 Jahren, was selbstredend die Gräueltaten in den KZs durch Angehörige der SS nicht in Frage stellt. Deren spezielle „Banalität des Bösen“, so Hannah Arendt in ihrem Buch mit gleichnamigem Untertitel, lag ja gerade in so erschreckendem Maße daran, dass die Verantwortlichen „weder pervers noch sadistisch, sondern schrecklich und erschreckend normal waren und sind“, gerade bei den anno 1890 bis 1910 in der untertänigen Monarchie sozialisierten Menschen.

Doch zurück zur Zeitung „Das schwarze Korps“. Die letzte Ausgabe des SK erschien im April 1945, die letzte mir vorliegende Ausgabe aus meiner Sammlung stammt von einem Abonnenten namens Heidinger aus Berlin vom 8. März 1945.

Frei/Schmitz bezeichnen das SK als „Hetzblatt“ welches sich mit „Inbrunst (…) an den Kampagnen gegen die katholische Kirche“ beteiligte, „vulgär (…)

über Sittlichkeitsverfehlungen von Klosterinsassen und Pfarrern“ herzog und einen, wenngleich weniger vulgär-pornografischen wie in Julius Streicher Hetzblatt „Der Stürmer“, Antisemitismus an den Tag legte. Das für damalige Verhältnisse professionell aufgemachte Blatt war „modern und locker umbrochen; die Sprache – nicht selten forsch und frech, ironisch oder sarkastisch – erweckte gegenüber dem Einheitsjargon anderer Zeitungen einen recht lebendigen Eindruck, und manche Schlagzeile verhieß Respektloses.“ („Der Führer hat gehustet!“, Zeck, S. 102).

Das

sollen

wir sein!

Das „Pariser Tageblatt“ veröffentlicht obige Zeichnung, durch die es seinen Lesern klarzumachen versucht, was das „Schwarze Korps“ ist. Da es sich hier gewissermaßen um ein Urteil „in eigener Sache“ handelt, möchten wir die Stellungnahme jedem selbst überlassen. Wir haben uns allerdings schon bei der Reichspostdirektion beschwert, denn das Geld von Thyssen und Krupp ist bis heute noch nicht bei uns angekommen.

Gefundenes Fressen für die Satire im SK: Das „Pariser Tageblatt“ stellte das SK („Das sollen wir sein!“), als offensichtlich gegen das Spießertum agierend, mit spitzer Feder respektive mit Florett attackierend dar. Jedoch unterstellte es, dass das SK von Großindustriellen finanziert sei. Gerade die Autonomie gegenüber solchen Geldgebern betonte die Zeitung jedoch oft genug. Und somit schloss die Bemerkung auch dahingehend ab, man habe sich „bei der Reichpostdirektion beschwert, denn das Geld von Thyssen und Krupp ist bis heute noch nicht bei uns angekommen.“

Das SK galt als „Reichbeschwerdestelle". Das Blatt kritisierte schonungslos NSDAP-Parteigenossen, die den Staatsapparat als „Versorgungsverein" betrachteten. Die Kritik an Verwaltung und Justiz, verbunden mit der hochgeschworenen Gefahr einer „Verknöcherung mancher Organisationsformen", die namentliche Kritik an Richtern bei Fällung von angeblich zu laschen Urteilen spitze sich immer mehr zu. Wurde die „richterliche Unabhängigkeit als ‚Plage eines Freibriefes'" gewertet, so drohte – so Frei/Schmitz – die SS auch „unverhüllt mit ‚Selbsthilfe': ‚Es gibt bekanntlich auch Konzentrationslager'."

So modern sich das SK gab, so gering war der eigentliche und vorgegebene kritische Gehalt. Wenn Kritik kam, dann nur gegen alles was sich gegen die NS-Ideologie wenden könne, gegen zu starre Verwaltungen und Beamte, eine „lasche Justiz" oder „gegen alles" – so Frei/Schmitz – „was diesem (System) abträglich sein konnte." Anders als der „Stürmer" von Julius Streicher, der sich nur auf das „Feindbild Jude" und den Antisemitismus in zudem primitivster Form zumeist pornografisch darstellte, war das SK breitgefächerter, bissiger und der Antisemitismus pseudointellektueller dargestellt.

Ebenso muss festgehalten werden: das SK wurde zu einem Zeitpunkt gegründet, als bereits alle Widersacher innerhalb der Partei und den Organisationen ausgeschaltet waren. Heißt: bis zum Jahr 1935 hatte sich d'Alquen opportunistisch verhalten und konnte sich dann relativ forsch und frech darstellen ohne auf nennenswerten Disput zu treffen. Denn Kritiker oder nicht komplett auf der Hitler-Linie eingefahrene SS-Mitglieder wie „Weigand von Miltenberg" (Pseudonym von Herbert Blank, dem „linken" NSDAP-Flügel um Gregor und Otto Strasser nahestehend) waren zu dem Zeitpunkt längst ausgeschaltet, in Gestapohaft oder im KZ. „von Miltenberg" kritisierte fundamental, dass die NSDAP für sich beanspruche, die alleinige Vertreterin des Nationalsozialismus zu sein und keine anderen Interpretationen dulde. Er saß sechs Jahre im KZ. Weitere aufsässige Kritiker wurden auch zuhauf während der „Röhm-Affäre" im Sommer 1934 kaltgestellt, SA-Brigadeführer sowieso, aber auch insgesamt 1124 (ehemalige) SS-Angehörige kamen ins KZ (Hördler, S. 296). Danach widersprach sicher keiner mehr und wer bis dahin ruhig blieb galt als zuverlässig, opportun und brauchte keine Kritik von neuen Projekten wie bspw. dem SK zu fürchten. So auch der Gründer Gunter d'Alquen.

Der „Orden“ und „Zweckverband“ SS (vgl. Kogon, ebenso Höhne) funktionierte, weitestgehend und nach außen, in treuester Verbundenheit. Widerworte gab es nicht mehr, Worte und Artikel von Günstlingen wurden in den meisten Fällen, wie auch im denunziatorisch ausgerichteten Blatt „Das schwarze Korps“, nicht hinterfragt. Dennoch brodelte es auch hier hinter den Kulissen. Untereinander war man sich „Spinnefeind“, missgönnte sich Gönner, Neid und innere Sabotage waren an der Tagesordnung. Himmler sah sich belustigender Kritik an seiner „Blut- und Bodenromantik“ ausgesetzt, SS-Unterführer sammelten belastendes Material gegen Obergruppenführer, Gestapo und SS/SD konkurrierten in ihren Intentionen und Ausführungen, demzufolge war die „SS (…) nie eine monolithische Organisation.“ Die Geschichte der SS ist jene eines „bizarren“ und „von Idealisten und Verbrechern, von Ehrgeizlingen und Romantikern“ geprägten Männerordens (vgl. Höhne, S. 18).

Feindbilder im „Schwarzen Korps“ – die Kirchen, der Jude, der Bolschewismus, Parteibonzen und die „Antiwelt“

Feindbild katholische Kirche

Gunter d'Alquen, Gründer des SK, Protestant, Kind einer evangelischen Mutter und eines katholischen Vaters, war ein entschiedener Gegner der beiden christlichen Kirchen, wobei ihm die katholische noch mehr zuwider war als die protestantische. Wo es ihm nutzte, bspw. später an der Ostfront, kooperierte er mit polnischen katholischen Priestern in Fragen der antibolschewistischen Propaganda, in seiner Zeitung jedoch war die antikirchliche Propaganda zentrales Anliegen.

„Pfarramtlicher Hinweis“ in „Stiepel bei Bochum“. Kommentar des SK: man hoffe, der Pfarrer schreie auch nicht, gerade bzgl. irdischer (sprich: politischer) Dinge, von der Kanzel herab.

Hetzkampagnen gegen die katholische Kirche und deren Institutionen – Zeck nennt es „Feindbild ‚Politischer Katholizismus' " (S. 179) – waren von Reichsführer-SS Himmler mitgetragen. Der Kontext, in dem undifferenzierte Kritik an Aussagen kirchlicher Vertreter eingebettet war, ging alsdann vom „politischen Katholizismus" über zum „politischen Verbrechertum" in Verbindung mit „jüdischen und marxistischen Emigranten". „In diese ‚geistige Front des internationalen Verbrechertums' sei auch der politische Katholizismus eingetreten und würde ähnlich der „jüdischen und marxistischen Mordhetzer" (S. 180) analoge politische Ziele verfolgen. Als „deutschfeindlich" wurde die Kritik der katholischen Kirche an der Rassengesetzgebung, den Sterilisationsgesetzen, jede noch so kleine Kritik am NS-Staat, dargestellt, sodass das SK den Eindruck vermittelte, dass die Kirche eine hochkriminelle, gefährliche und bekämpfenswerte Vereinigung sei. Nicht die Kirche, sondern die SS sei die höchste moralische Instanz und so schlussfolgerte das SK, dass sich Priester auf ihre Kanzeln zurückziehen sollen, aber die politische „Agitation", d.h. jede Stellungnahme und Meinung zu aktuellen politischen Ereignissen, von der Kanzel herunter, sein zu lassen habe.

Die katholische Kirche mit dem selbstauferlegten Zölibat, der vorgeworfenen „Prüderie" und ihrer Sexualmoral, erschien den SS-Angehörigen „fremdartig". Denn die sich selbst auferlegte Ehelosigkeit der Priester und Nonnen setzte die SS mit einer „Ehrlosigkeit" gleich, welche wiederum zu – wie auch immer definierten – Verirrungen führen müsse. Der natürliche Geschlechtsverkehr sei nicht sündhaft, das Zölibat sei „Unnatur". Daran anschließend folgte die Steigerung der Hetzkampagne. Das unnatürliche Zölibat bedinge unweigerlich Sittlichkeitsdelikte. Das schlachtete die NSDAP- und SS-Presse aus, so bspw. 1936 bei einem Prozess in Koblenz. Hier wurden Franziskanermönchen aus Ebernach bei Cochem/Mosel vorgeworfen, untereinander, mit Jugendlichen und ebenso mit der Einrichtung anvertrauten Geisteskranken sexuell verkehrt zu haben. Die Taten wurden auf die gesamte katholische Kirche übertragen. Es sollte der Eindruck vermittelt werden, dass Jugendliche in deren Obhut der Willkür von Perversen, Pädophilen und Päderasten ausgesetzt seien. Gerade der Geschlechtsverkehr und die sexuellen Handlungen mit Geisteskranken stellte die moralische Haltung der Kirche als abgewirtschaftet dar, die SS hingegen stellte sich als Hüter einer wahrhaftigen Moral mittels eines „quasi-religiöse(n)" Images dar (Zeck, S. 196).

Versuche der katholischen (Kirchen-) Presse, dem SK u.a. unhaltbare Anfeindungen vorzuwerfen, d'Alquen und seine SS-Kameraden würden bei der Erstellung solcher Artikel ihrer „journalistischen Sorgfaltspflicht" nicht nachkommen, interessierte Letztgenannte herzlich wenig. Denn ohne sich um Wahrheitsgehalte oder auf elementare Recherchen zu berufen, ironisierte das SK, tlw. widersprüchlich, herablassend und unsachlich, gegen jede noch so tiefgehende theologische, philosophische oder einfach menschlich ausgerichtete Argumentation.

Feindbild evangelische Kirche

Die evangelische Kirche, die die Angriffe und Niveaulosigkeit des SK bzgl. der gegen sie gerichteten Angriffe mit jenen der „Roten Fahne" der KPD gleichsetzte (Zeck, S. 208), sah sich oftmals „hilflos argumentieren(d)" und in einer wenig erschöpfenden Kritik am SK, dessen Angriffen ausgesetzt. Sie sah sich, nebst Freikirchen und den „Freien evangelischen Gemeinden", gleichermaßen diesen Anfeindungen ausgesetzt, wobei die Kirche dem SK fast schon verzweifelt vorhielt, sich doch gefälligst an einen Befehl Himmlers vom 20.09.1935 zu halten, der es verbot, konfessionelle Dinge zu verspotten. Das aber interessierte die Schriftleitung absolut nicht.

Angefeindet wurden auch caritative Einrichtungen wie das „Blaue Kreuz", dessen Arbeit als „Trinkerrettungsarbeit" abgetan wurde und, da diese Arbeit der NS-Ideologie entgegenstand, sofort als Ausdruck „staatsfeindfeindlicher Gesinnung" gebrandmarkt wurde (Zeck, S. 209).

Vertreter der evangelischen „Bekennenden Kirche (BK)", die längst nicht alle so im Widerstand zum NS-System standen wie es die kircheninterne Geschichtsschreibung lange Zeit versuchte zu vermitteln (siehe das Beispiel des NSDAP-Wählers und Pfarrers Martin Niemöller), wurden selbstredend als Staatsfeinde angegriffen.

Auch die NS-nahen „Deutschen Christen" (DC), die einen evangelischen Probst (der ebenso SA-Mann und NSDAP-Mitglied war) gegenüber dem SK als „alten Kämpfer" in Schutz nahmen, waren den Attacken der SS-Redakteure ausgeliefert. Der Versuch der DC und deren evangelischen Kirchenvertretern auf das (angeblich) Zusammenschweißende von Christentum und Nationalsozialismus und auf viele evangelische „alte Kämpfer“ in deren Reihen zu verweisen, war langfristig nicht vom Erfolg gekrönt. Wurde lange Zeit noch gegen die Polemik im SK eifrig publiziert, endete das spätestens mit den Verhaftungen und KZ-Einweisungen vieler Kirchenvertreter beiderlei Konfessionen.

Feindbild Jude

Kositza beschreibt in seinem Werk, dass die Sprache des SK in puncto der Beschreibung der Juden einer Entmenschlichung diente, wobei es nicht nur um Äußerlichkeiten ging (Jude + Nase = Judennase), sondern auch das angeblich parasitäre Lebens des Juden, der sich, das Land schädigend, von Deutschland ernährte ohne diesem etwas zurückzugeben. Die Verwendung der Begrifflichkeiten wie „Ungeziefer“, Zecke“, „Gewürm“, „Rasse von Mördern und Verbrechern“ oder „Pest“ (ebd., S. 106 f.) diente dazu, „dieser Gruppe schon das Menschsein (…) in Abrede“ (einem „Bastardvolk“) zu stellen.

Die mit „großer krummer Hakennase“, „Mandelaugen“, mit angeblich eingefallenem Körper und Plattfüßen versehenen Menschen jüdischen Glaubens wurden schlussendlich noch weiter an den Rand des menschlichen Daseins gestellt. „Kein Volk der Erde erweckt alleine durch seinen Anblick einen gleichen Widerwillen wie die Juden“ (div. SK, zitiert nach Kositza, S. 107). Juden seien per se unhygienisch, die in zerrissenen Lumpen von Ungezieferschwärmen durchdrungen seien. Diese Auffassung wurde durch Propagandaaufnahmen in Judenhäusern und Ghettos unterstrichen. Dass diese Hygienezustände nichts mit der Reinlichkeit des Menschen, sondern verursacht waren durch Ghettoisierung und Zwangskasernierung, bedingte, dass „so die Wirklichkeit der Ideologie angepasst“ (ebd., S. 108) wurde, was selbstredend verschwiegen wurde.

Männlichen Juden wurde ein sehr starker Sexualtrieb unterstellt, jüdische Frauen galten als Wesen fast ohne eigene Sexualität. Um „Rassenschande“ jüdischer Männer mit deutschen Mädchen zu verhindern war es laut SS-Ideologie zwingend notwendig die „Nürnberger Rassegesetze“, die eine Beziehung und den Beischlaf unter „Ariern“ und Juden untersagte, zu schaffen. Nur so könne sich ein Land mittels des Strafrechts gegen diese „asoziale(n) Elemente“ wehren.

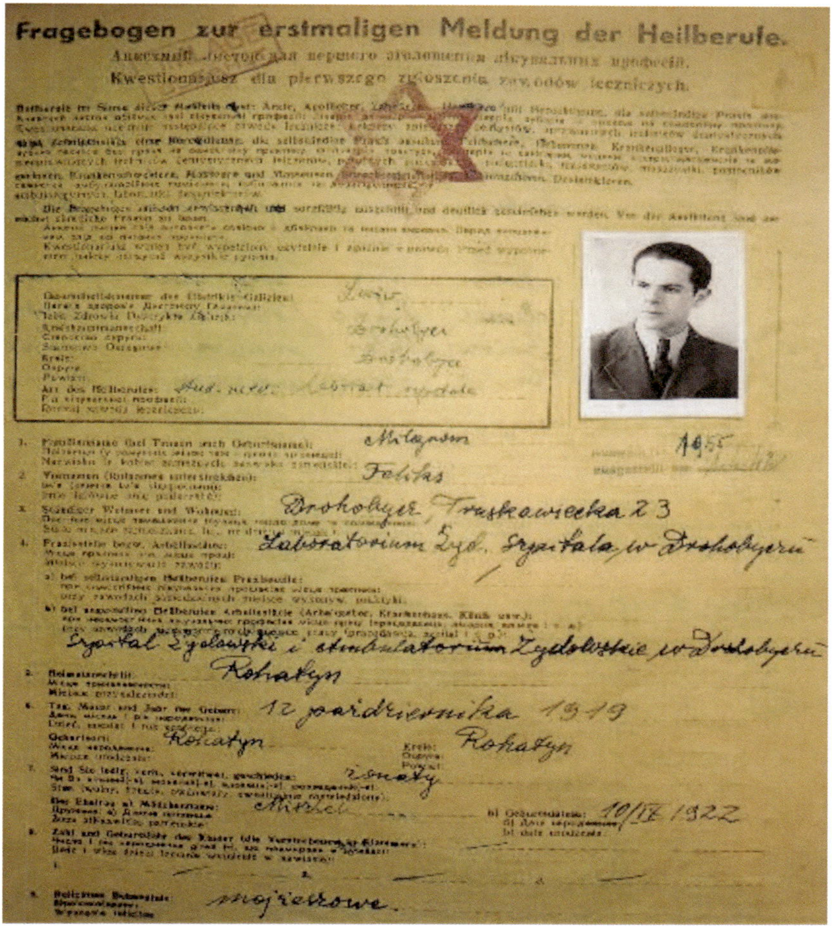

Fragebogen zur erstmaligen Meldung der Heilberufe.

Kwestionarjusz dla pierwszego zgłoszenia zawodów leczniczych.

Drohobycz, Truskawiecka 23

Laboratorium Żyd. Szpitala w Drohobyczu

Szpital Żydowski i Ambulatorium Żydowskie w Drohobyczu

Rohatyn

12 października 1919

Rohatyn

Rohatyn

10/IX 1922

mojżeszowe

Meldebogen zur Erfassung von Fachkräften in Heilberufen im NS-Ghetto Lwiw (Lemberg/Ukraine), hier vom internierten Feliks Milgrom. Ziel war durch diese Aktion die oben beschriebene und unverschuldete „Verwahrlosung“ der Zwangseingepferchten in den Griff zu bekommen. Der 2007 verstorbene Milgrom war später Medizinprofessor und Dr. h.c. mult. (unter anderem von der Universität Heidelberg ausgezeichnet) und befasste sich mit der Mikrobiologie und der Serologie von Syphilis.

„Feigheit“ und „Frechheit“ waren laut des SK weitere „Charaktereigenschaften“, die den Juden zugeschrieben werden mussten; hier ergab sich aber das Problem, dass jüdische Frontsoldaten für sich reklamieren konnten, im 1. Weltkrieg sehr aktiv gewesen zu sein. In der Zusammenstellung „Die jüdischen Gefallenen 1914-1918 – Ein Gedenkbuch 1932“ (Hrsg. Reichsbund jüdischer Frontsoldaten RJF) wurden Skeptiker, in einem verzweifelten Versuch der jüdischen Gemeinden, eines Besseren belehrt und konnten sich nachweislich gegenüber den Nationalsozialisten als mindestens genauso patriotisch darstellen.

Die SS und das SK jedoch polemisierten dagegen mit der Begründung, dass die jüdischen Soldaten lediglich in der Materialversorgung eingesetzt worden waren (und sich hier mittels Unterschlagungen zusätzlich ohne viele Arbeit bereicherten).

Ziel der Juden sei es – so SS-Führer Heydrich (zit. nach Kositza, S. 112), Deutschland und die Welt zu beherrschen sowie den „nordischen Menschen und den Nationalsozialismus zu vernichten. Besonders die USA und die Sowjetunion seien bereits von Juden beherrscht, nun erkläre das jüdische Volk Deutschland einen Krieg in dem es sich zu verteidigen gelte.

Da „der Jude“ laut der NS-Ideologie auch bereits in Deutschland in der Wissenschaft, Kunst, Presse, im Bankierswesen und in der Literatur lange Zeit einen zu hohen Einfluss hatte, dieser Einfluss aber nicht dem „deutschen Geist“ entsprach, musste weiterhin eine kompromisslose und unnachgiebige Hetzkampagne gegen die Juden inszeniert werden. Zur Begründung wurde die Unterschiedlichkeit der „Rassen“ herangezogen, die eine natürliche Feindschaft innehätten. Wie auch „eine Katze das Mausen nicht lasse“, so würden sich auch „rassische“ Urinstinkte auf Dauer nicht verleugnen lassen.

Der Begriff des „Rassenjuden“, wie oben beschrieben, auch festgemacht an äußeren Merkmalen wie Nase, Beinen, Mundwinkeln und anderen zu karikierenden Dingen wurde noch erweitert durch Begriff „Gesinnungsjude“.

Bei „charakterschwachen Ariern“ würde der „Bazillus des jüdischen Geistes“ die „furchtbare Gefahr der Verjudung“ bedingen (zit. n. Zeck, S. 224 f.). Der „Gesinnungsjude“ sei in der Wissenschaft verstärkt vorzufinden, besonders von diesem muss letztgenannte befreit werden.

Werden „die Juden“ nun permanent als „Erzfeinde, Schmarotzer, Verbrecher und lebensgefährliche Bedrohung schlechthin thematisiert“ (z.n. Zeck, S. 228) – es hierbei unter ihnen auch keinerlei Ausnahmen gäbe – stellt sich die Frage was mit diesen geschehen soll. Hierbei, so das SK hämisch, ginge man sehr großzügig mit den Juden um. Letztendlich habe man sie bspw. nicht gezwungen, in ihren Presseerzeugnissen hebräische Schriftzeichen zu verwenden. Trotz dieser hämisch formulierten Großzügigkeit beschwere sich „der Jude“, „der sich als Freiwild im nationalsozialistischen Staat hinzustellen beliebt“ (SK, 21.08.1935, zit. nach Zeck, S. 229).

Bei der weiteren Vorgehensweise (mit dem letztendlichen Ziel der Endlösung der Judenfrage) sei sorgfältig darauf zu achten, dass “die Judenfrage“ nicht durch spontane und nicht abgesprochene Einzelaktionen überaktiver „Volksgenossen“ gelöst werden könne, welche dann maximal eine negative Presse- und Berichterstattung im Ausland zur Folge haben würde, sondern dass zur Erreichung des Zieles der Führer und die von ihm eingesetzten Leute das Tempo der Judenfrage bestimmen. Zeck bezeichnet dieses Vorgehen als einen im SS-Sinne zu bezeichnenden „korrekten Antisemitismus“, denn nur ein „geordneter, planmäßiger Angriff“, die Diskriminierung und schlussendlich die Vernichtung (als „organischer Aufbau“ bezeichnet) erreiche das Endziel und wurde hier „in einen ‚zivilisierten‘ Mantel gekleidet und somit gleichzeitig versucht, ihr eine Art ‚Salonfähigkeit‘ zu verschaffen.“ (z.n. Zeck, S. 229 f.).

Die SS ergänzt ihre seit 1933 reifenden Pläne hämisch, dass Juden aus den Wohngebieten vertrieben werden müssen, in der Vertreibung aber zwangsläufig kriminell werden würden, da sie in der Verbannung verarmen. Weil sie dann unweigerlich zu Verbrechern und (sic!) „zu einer Bruststätte des Bolschewismus und einer Auffangorganisation für das politisch-kriminelle Untermenschentum“ (zit. nach Zeck) werden, müsse die SS aktiv werden und das „Kriminelle“ vernichten und ausrotten. Analog, so die Logik der SS, sei die Errichtung eines „Judenstaates“, auf internationaler Ebene zu fördern und zu begrüßen, denn die Errichtung dieses Staates wäre der SS als friedliche Lösung lieber als jene andere (hämische Eigendarstellung: sie seien schließlich keine Barbaren). Und schlussendlich koste es auch Geld hunderttausende von angeblich kriminellen Juden in Lagern zu bewachen und zu verköstigen. Somit war nach dieser Ankündigung klar, dass der Weg in Richtung Massenvernichtung gehen wird.

Auf das „Judentum, das als Urheber des Bolschewismus und als Drahtzieher der Verbrechen“ gegen Deutschland bezeichnet wurde, wird an anderer Stelle eingegangen werden.

Bolschewismus und „Untermenschentum“

Sozialisten, Sozialdemokraten und Kommunisten galten nicht als politische Gegner, sondern ausdrücklich als Feinde der nationalsozialistischen Ideologie. Entsprechend galt es diese, wie auch immer definierten, „Bolschewisten“ radikal zu bekämpfen und kompromisslos auszurotten.

Der klassische Sozialismus, dessen theoretisches Ziel die Chancengleichheit für alle Menschen beinhaltete, wurde von der NS-Ideologie umgedeuetet in die Begünstigung einiger weniger „Auserwählter“, so bspw. im Stichwort des „Deutschen Sozialismus“ verankert. Dass nur Auswerwählte Begünstigungen und Chancen erhalten sollten, würde analog der NS-Theorie logisch sein, denn wenn zum Beispiel „das Kind einer rassisch hochwertigen Kumpelfamilie kraft seiner Erbanalgen und seiner Fähigkeit in eine hohe Stellung gelangt, das Kind eines rassisch minderwertigen Angehörigen der ‚Oberen Zehntausend‘ aber kraft seiner minderen Erbanlage und geistigen Unfähigkeit die Stelle des heutigen Kumpels“ einnehmen würde sei das keine soziale Gerechtigkeit sondern „öde Gleichmacherei“.

Die Vermengung verschiedener Begrifflichkeiten (Sozialismus, Marxismus, Bolschewismus) gestattet es nun auf primitiv-populistischem Niveau eingängig gegen alles ins Feld zu ziehen, was ausserhalb der eigenen Ideolgie lag.

So sind die „spanischen Bolschewisten“, die 1936 im Kampf gegen Francos faschistische Gruppen stehen, laut SS-Denke genauso verwerflich wie der sowjetische „Untermensch“, der vom Stalinismus angetrieben imperialistisch andere Völker ausbeutete und unterdrückte. Ganz genauso verwerflich ist der im KZ inhaftierte Arbeiter- und Gewerkschaftsführer, dem automatisch eine Verbindung zum angeblich marxistisch ausgerichteten „Mordsystem der 1920er Jahre der Roten Armee Welt“ unterstellt wurde (Zeck, S. 239). Ebenso reiht sich hier auch der ehemalige KPD-Genosse und Roter-Front-Kämpfer, der vor 1933 ein Sowjetdeutschland aufbauen wollte, ein.

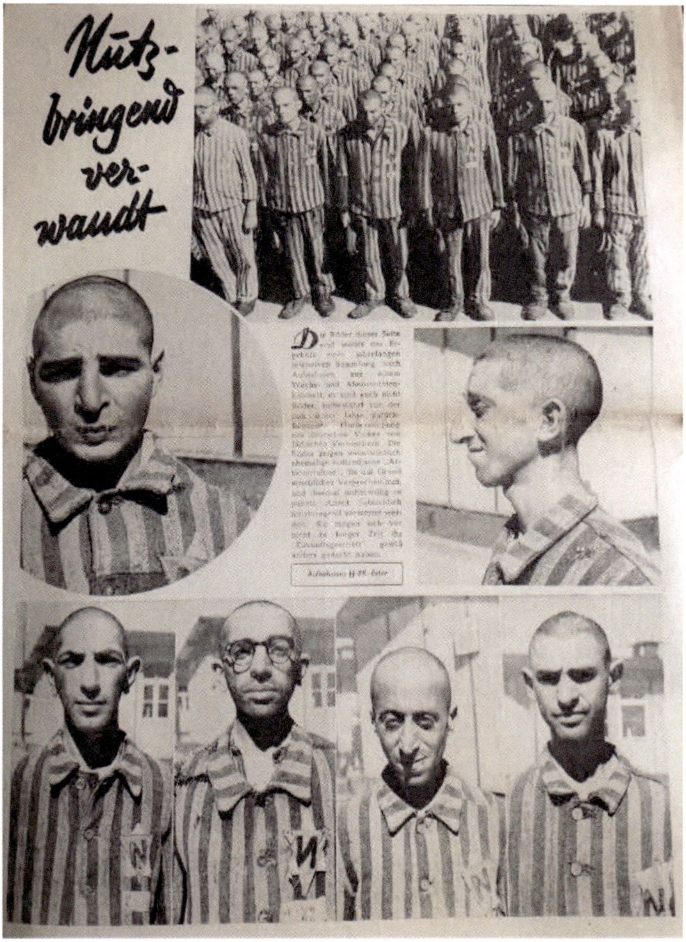

Niederländische Arbeiterführer im KZ inhaftiert, laut SK nun „in puncto Arbeit nutzbringend verwertet“ (sic!) – es handele sich explizit nicht um „Aufnahmen aus einem Wachs- und Abnormitätenkabinett“, so der SS-Berichterstatter.

Hier geht es weiterhin um das „Judentum, das als Urheber des Bolschewismus und als Drahtzieher der Verbrechen hinter den Kulissen agiere, zum Schaden nicht nur des deutschen Volkes“.

Da nun der Hauptgegner „zu einer von Juden angezettelten internationalen Weltverschwörung reduziert (ist)“ erweckt es den Eindruck, das zu bekämpfende Problem sei zwar groß, jedoch eine kontrollierbare Bedrohung. Die eigene Überlebensfrage sei von der erfolgreichen Bekämpfung des „internationalen Judentums“ abhängig.

Links: Fotomontage, Theodor Fritschs „Handbuch der Judenfrage“ (Symbolbild: eine die Welt umschließende zischelnde Schlange) und ein Judenstern von einem namentlich bekannten Träger aus der rheinländischen Region (SMK). Rechts: verschiedene Zeitungen aus den 1890er Jahren namens „Antisemitische Correspondenz – Central-Organ der deutschen Antisemiten“ (SMK) incl. zahlreicher Artikel und Werbeanzeigen von Kirchenvertretern und Pfarrern. Zur gleichen Zeit gründete sich der „Nationalsoziale Verein“, eigentlich als „Nationalsozialistischer Verein“ angedacht. Dessen Hauptvertreter Friedrich Naumann, nach ihm ist heute die der FDP nahestehende Stiftung benannt, schrieb das Werk „National-Sozialer Katechismus“. Die Synthese des „nationalen“ und des „sozialen“ stand hier anno 1897 im Vordergrund. Grundbegriff bei Naumann ist (zit. Punkt 268 des Katechismus) ein „Nationaler Sozialismus auf christlicher Grundlage“.

Feindbild Spießertum, Verwaltung, Bürokratie und Justiz

Ein besonderes Augenmerk richtete das SK auf den klassischen Spießertypus, der durch Geld, Titel oder Standeszugehörigkeit der Auffassung war etwas Besseres zu sein und sich arrogant über den neuen Staat und seine Kämpfer hinwegsetzte. Sei das bspw. der immer schon existente Typus des klassischen „Parteibonzen", der sich durch ein NSDAP-Parteibuch erhoffte, bevorzugte Behandlung im neuen System zu erlangen, sei es die preußische Offiziersgattin, die sich auf alte Traditionen und dem ihr deshalb entgegenzubringenden hohen Anstand plädierte, sei es den sich auf seine Beamtenehre berufenden „Amtsschimmel" oder sei es ein (noch) unabhängiger Jurist, der sich nicht der NS-Weltanschauung, sondern dem klassischen Recht gegenüber verpflichtet sah. Gegen alle jene Vertreter zogen die neuen SS-Idealisten zu Felde, teilweise in sarkastischer, teilweise in arroganter und überheblicher, teilweise in bedrohlicher Art und Weise.

Da der RF-SS Himmler selber keine (!) Juristen in seiner Organisation als Vorsitzende der SS-Gerichtsbarkeit duldete konnte es sich das SK erlauben, auch gegen diese Berufsgruppen entsprechend ungestraft vorzugehen. Teilweise in laufende Verfahren eingreifend, zu „milde" Urteile bemängelnde oder sich schützend vor angeblich zu „hart" abgeurteilte SS- und Parteikameraden stellend war diese Berufsgruppe, wie auch Verwaltungsmitarbeiter und Standesvertreter einer überlebten Zeit, besonders ausgesetzt. Der seit 1919 in der Partei aktive und 1946 hingerichtete Jurist Dr. Hans Frank trat in einer Angelegenheit das SK betreffend an den Reichspropagandaminister Dr. Joseph Paul Goebbels (Suizid 1945) heran. Der Chef von Himmlers Stab verteidigte dann gegenüber Goebbels persönlichen Referenten die Zeitungsmacher; gleichzeitig wurde empfohlen, dass sich SS-Chefredakteur d'Alquen mit Dr. Frank zwecks Klärung des Sachverhalts in Verbindung setze. Selbst der einerseits umstrittene und zugleich renommierte Jurist Carl Schmitt blieb 1936 nicht von Angriffen verschont. Die Angriffe in seinem Fall (auf den nicht explizit eingegangen werden wird) gingen soweit, dass selbst die Intervention von Dr. Frank und Minister Göring Prof. Schmitt, dem vom SK Opportunismus nach 1933 und davor Aktivitäten im Bereich des „politischen Katholizismus" vorgeworfen wurden, nicht retten konnten und er legte sämtliche Ämter nieder. Die SK-Schriftleitung hatte somit den hohen Stellenwert, dass sie unfolgsam agieren konnte und sich an keinerlei Anweisungen oder Hinweise halten musste. Damit wussten die Verantwortlichen, dass sie sich mit eigentlich fast jedem im Staate ungestraft anlegen konnten und dass eine Verunglimpfung in der Zeitung zum einen das soziale und politische „Aus“ für den Angegriffenen bedeutete, zum anderen ohne Konsequenz für die Zeitung blieb.

Auch andere Juristen und unabhängige Richter (sofern deren Unabhängigkeit durch das NS-System ab einem bestimmten Zeitpunkt überhaupt noch möglich war) wurden Zielscheibe im SK. Recht könne laut SK nur derjenige wirklich sprechen, der bedingungslos loyal dem NS-Staat gegenüber war. Das Schaffen militärischer Strukturen, die jede eigene juristische Auffassung und „jegliche potentielle Widerstandskraft zu eliminieren oder zumindest zu schwächen“ (Zeck, S. 260) in der Lage war hatte Vorrang vor einer unabhängigen juristischen Argumentation und Rechtsprechung.

Ebenso in puncto des Verwaltungsbeamten hob das SK hervor, dass nur derjenige Bürokrat angegriffen werde der „lähmend“, „verknöchert“ agiere, nicht aber “der kreuzbrave Beamte, der seine Pflicht nicht als Bürokrat erfüllt, der ein guter Nationalsozialist ist, dessen Treue an höherem hängt als dem Paragraphen der Besoldungsordnung“ (Zeck, S. 263). Himmler verteidigte die Vorwürfe gegen mehrere massive Beschwerden von höherer Stelle und tat die Zeitungsberichte als „volksnah“ ab, Vorwürfe gegen starre Beamte seien keine Erfindung, sondern tatsächlich erlebte Konflikte. Das SK konnte sich somit, dem Ideal des dienenden, fürsorglichen und beratenden Beamten, dem angeblichen Negativbild des Beamtentums entgegensetzend moralisch hoch positionieren.

Eher kritisch gegen das NS-System eingestellte Leser wurden durch das SK mittels Sympathieerweckungen an das Blatt gebunden. Hierbei wurden jene angesprochen, die ideologisch Nationalsozialist waren obgleich kein NSDAP-Parteimitglied, die nicht zu „Revolutionsgewinnlern“ gehörten und durch das Parteibuch zu höheren Posten kamen oder auch wenn sie sich vom Marxisten zum Nationalsozialisten gewandelt hätten, von Parteigenossen aber deshalb herabgestuft wurden (Zeck, S. 266). Einem solchen „Kreis von Enttäuschten und Frustrierten erschien es ehrlich und transparent, wenn das Blatt die Notwendigkeit einer ‚inneren Opposition‘ betonte, indem es die vielen Angepassten und Mitläufer des Systems kritisierte.“ (ebd.) Was an und für sich als legitim zu betrachten ist, vergewissert man sich, dass „März-Gefallene/Veilchen“ 1933 oftmals zu den honorablen Profiteuren gehörten, während „alte Kämpfer“ bereits elf Jahre zuvor die soziale und gesellschaftliche Existenz für die Erreichung des Nationalsozialismus riskierten. Wie viele Menschen aber angeblich bereits „schon immer“ zur NS-Bewegung dazugehörten (und nach Mai 1945 sich gegenseitig mit „Persilscheinen“ davon wieder sauber wuschen) macht auch das Werk von Giebel in Bezug zu der Studie von Theodore Abel anno 1934 deutlich: „Warum ich Nazi wurde“ beschreibt in knapp 600, anno 1934 verfassten, Dokumenten, warum der Einzelne ja eigentlich schon immer dazu gehörte, sich aber nicht traute sich zur NS-Bewegung zu bekennen, aus welchen Gründen auch immer.

Im umgekehrten Fall wird auch etwas deutlich, so wie im Vorwort des Buches „Auschwitz in den Aufgaben der SS“ beschrieben: Tagebücher wie „Ich war in der Politischen Abteilung des KZ Auschwitz“, „Ich habe 600000 Feinde des dritten Reiches vernichtet“, „Einsatzkommando SS führt Führerbefehl aus“ oder „Buchenwald – Majdanek – Mauthausen. Kampfetappen eines getreuen SS-Mannes“ gab es nicht, oder wurden, wenn existent, ab Mai 1945 sofort vernichtet. „Anders hätte es sich gewiss verhalten, wenn Hitler den Krieg gewonnen hätte.“ (ebd., S. 9).

Zurück zu den vom SK verhassten „Parteibonzen“ und „Revolutionsgewinnlern“:

Das SK, so Zeck, versuchte seinen Lesern zu vermitteln, dass es erhaben über allem stehe und sich auch nicht davor scheue höhere NSDAP-Funktionäre und Systemvertreter anzugreifen. Es wurde versucht, „das Blatt mit einer Aura der Objektivität zu umgeben, die de facto natürlich nicht bestand.“ (S. 282). Artikel gegen Klüngelei oder Vetternwirtschaft erzeugten Sympathien. Sympathien, die sich darin zeigten, dass das SK mit einer stetig wachsenden Auflagenhöhe und Leserschaft so ziemlich die einzige Zeitung im Dritten Reich war, die einen kritischen Eindruck nach außen vermittelte.

Feindbild „Anti-Welt"

Die von der NS-Ideologie suggerierte „Volksgesundheit" bedingte, dass diese Gesundheit durch verschiedene „Krankheitserreger" ausgelöst wurde. Zu diesen gehörten, neben den als „parasitär" beschriebene Juden sämtliche „Kriminelle", sog. „Asoziale", Homosexuelle und natürlich als „unwertes Leben" bezeichnete körperlich Behinderte und psychisch Erkrankte, sog. „Geisteskranke".

Kriminell waren alle, die sowohl im Sinne des klassischen Strafrechts (Diebe, Mörder, usw.) verurteilt waren, jedoch auch alle politisch oder religiös Andersdenkende. Durch Kontrastsetzung (hier strahlend erscheinender junger SS-Mann, dort älterer und verbrauchter tätowierter Mann) suggerierte man der Leserschaft, dass die Lager in denen Kriminelle gefangen gehalten wurden, eine Legitimation besaßen. Diese, offiziell mit KL und nicht KZ abgekürzten, Konzentrationslager sollten innere Feinde bekämpfen und besiegen. Soldatisch wurde getönt, dass diese dort einsitzenden Staatsfeinde die innere Sicherheit in Gefahr brächten und deshalb das KL als Kampfgebiet eines heroischen SS-Mannes gegen die kriminellen Insassen verstanden werden müsse. Begriffe wie Willkür, Mord, Hinrichtungen, gesetzeslose Freiheitsberaubung, Misshandlungen, Sadismus, Folter und Schikane finden in der SS-Sichtweise keinen Platz.

Behinderte und Geisteskranke waren alle jene, die durch Abweichungen aus der Norm vielen, sei es durch körperliche Beeinträchtigungen oder durch psychische Erkrankungen in verschiedenster Ausprägung. Letztere wurden auch in Brandenburg oder nahe Limburg an der Lahn bei Hadamar in Gaskammern direkt in den angrenzenden Heilsanstalten ermordet. Nach der Rede des Münsteraner Theologen Kardinal Graf von Galen 1941 geschah das heimlicher. Vergast wurden übrigens auch vom Einsatz an der Front oder im KZ-Dienst psychisch krank gewordene SS- und Wehrmachtsangehörige, ebenso auch überall Veteranen des 1. Weltkrieges, die durch Giftgas oder Trauma Nervenleiden hatten und für die „Volksgesundheit" nicht mehr tragbar waren.

Als die Volksgesundheit auf Dauer stabilisierende Maßnahme gegen Kranke, sprich Minderwertige, galt auch die Vermeidung der Fortpflanzung, sprich Zwangssterilisation.

Der „Rassengedanke“ erhielt besonderen Nährboden durch den vermeintlichen Schutz der Rasse mittels Euthanasie und Sterilisation. Durch oftmals billigste „Milch-Mädchen-Rechnungen“ wurde dem Volksgenossen suggeriert, dass für die Unfruchtbarmachung oder gar Tötung eines Minderwertigen ein Kindergarten oder ein Reihenhaus für NS-konformen Nachwuchs gebaut werden könne. Wiederum durch Polarisierung (junges blondes Kind – krankes verschmutztes Mädchen aus einer Art Verwahranstalt) empfand es der Leser als unzumutbar, dass Kranke zu Ungunsten des Gesunden leben zu lassen. Gleichzeitig gab man sich als betont sozial und empathisch indem Mitleid mit den Kranken gefrömmelt wurde (letzteres aber auch oft bei den Einrichtungen mit kirchlicher Trägerschaft). Wenngleich sich die SS als human verstand (d.h.im Sinne der „NS-biologistischen Volksgesundheit“), äußerte sie sich jedoch zugleich abfällig, wenn es darum ging, bspw. seelische Erkrankungen von psychoanalytischem Blickpunkt her zu betrachten; das sei, so Zeck „dekadente Humanitätsduselei“ (S. 309).

Und: das Denken erfasste nicht nur die SS, auch das Sozialwesen, die Medizin und selbst die Literatur waren voll von den Gedanken der Tötung des „unwerten“ Lebens. Der nordfriesische Schriftsteller Frenssen, auf den bereits an anderer Stelle verwiesen wurde, schrieb hierzu:

„Die aber, die unheilbar sind und so schwer krank, daß ihr Leben für sie selbst kein Menschenleben mehr ist (…) sollen nach germanischem Gefühl für das Wahre, mit ihrer eigenen Willigung oder nach dem Willen der Gemeinschaft, ausgelöscht werden.

Solche Kranke sind die völlig verkrüppelten Neugeborenen, die unheilbaren Idioten, die unheilbar Irren. Ferner die geborenen (sic!) Mörder, Rohlinge (Gewalttäter), Einbrecher, Diebe, Arbeitsunwillige, Herumstreicher, Volksfeinde (…). Da diese Alle, ihr krankes Wesen nicht etwa selbst, nach ihrem eigenen Willen, sich angeeignet haben, also nicht durch eigne Schuld so sind, sondern durch die Schuld der Gemeinschaft, die entgegen den biologischen Gesetzen, schlechten Samen sich fortsetzen ließ, so sind auch diese Letzteren für ihr Wesen nicht verantwortlich. (…) Es ist dem germanischen Gewissen unwahr und unrecht, sie persönlich verantwortlich zu machen; es ist wahr und gerecht, die Gemeinschaft verantwortlich zu machen. Es ist dem germanischen Gewissen unwahr und unrecht, sie zu verachten oder zu hassen; es ist wahr und recht, sie zu bemitleiden. Es ist dem germanischen Gewissen unwahr und unrecht, sie weiterhin die Volksgemeinschaft schädigen zu lassen, wahr und recht, sie auszulöschen." (S. 53 f.)

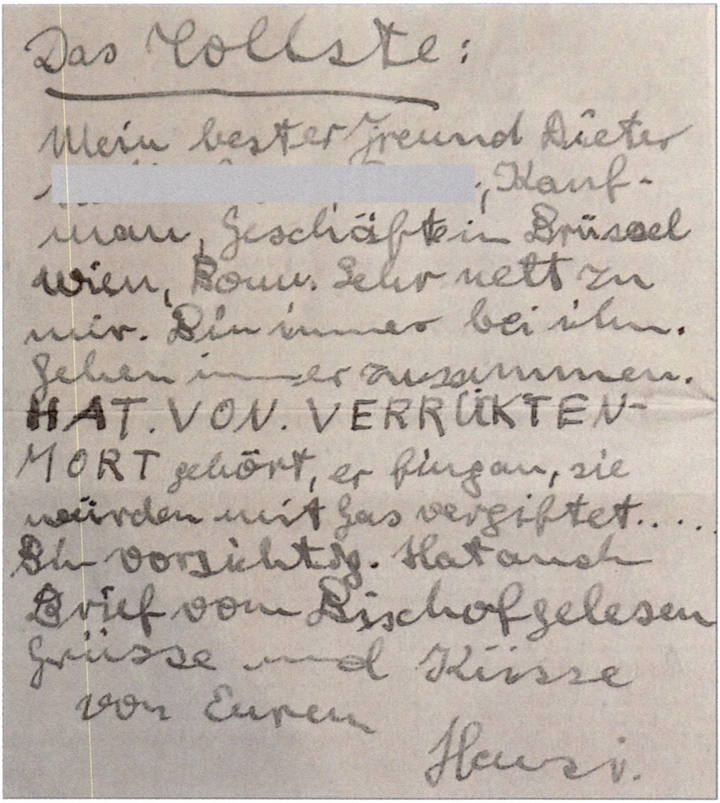
Das Tollste:
Mein bester Freund Dieter
[redacted], Kauf-
mann, Geschäft in Brüssel
Wien, Rom. Sehr nett zu
mir. Bin immer bei ihm.
Gehen immer zusammen.
HAT. VON. VERRÜCKTEN-
MORT gehört, er fing an, sie
würden mit Gas vergiftet....
Bin vorsichtig. Hat auch
Brief vom Bischof gelesen
Grüsse und Küsse
von Euren
Hansi.

Brief eines RAD-Jungen aus dem Lager in Leer/Ostfriesland im Sommer 1941 an seine Eltern in (Essen-) Kettwig (Original SMK): „Das Tollste: mein bester Freund Dieter (...) HAT VON VERRÜCKTENMORT (sic!) gehört, er fing an, sie würden mit Gas vergiftet (...) Hat auch Brief vom Bischof gelesen (Anm.: Clemens August Graf von Galen aus Münster, der die T4-Aktionen in mehreren Predigten anprangerte)." Der naive Junge Hansi teilt „Gestapo-Freundlich" noch mit, wie Dieter mit Nachnamen hieß, wo er wohnte und arbeitete. Ob das für Dieter Konsequenzen hatte ist nicht bekannt.

Heißt: Behinderte, „Geisteskranke“, Kriminelle, ebenso alles was als „nichtarisch“ definiert wird, so wie beispielsweise die mit dem heute kritisch umstrittenen Ausdruck Zigeuner bezeichneten Sinti und Roma oder auch Farbige, ebenso „Asoziale“ im weitesten Sinne gehören zu all jenen, deren Existenzberechtigung genauso wie die der Juden im nationalsozialistischen Staat negiert ist. Und es sei nochmals daran erinnert: selbst der vom Einsatz traumatisiert zurückgekehrte Soldat oder SS-Angehörige, der psychisch oder physisch erkrankt und ggf. dem Alkohol verfallen ist, ist, trotz des Einsatzes für „Führer, Volk und Vaterland“, nicht vor der Ermordung sicher.

Das sind Staatsfeinde!

SK-Titel „Das sind Staatsfeinde“, bezogen auf den §175 StGB, den erst 1994 abgeschafften sog. „Schwulen-Paragrafen“.

Vom Sexualbild der SS abweichende „Staatsfeinde“

Sexuell vom „normalen“ heterosexuellen Vorlieben abweichendes Verhalten, sprich: Homosexualität wurde, obgleich in den Reihen der Nationalsozialisten wie im Reichsdurchschnitt verbreitet (prominentester Fall ist der des 1934 von der SS ermordeten SA-Führers Ernst Röhm, ein Jahr später wurde der noch bis 1994 geltende und seit 1872 eingeführte §175 StGB verschärft), verfolgt. Oftmals wurde diese der Künstlerszene zugeschrieben, welche wiederum vom Juden beeinflusst war. Somit schloss sich der Kreis der Vorurteile erneut. Zumal hier hinzukommend homosexuelle Frauen und Männer nichts zum nationalsozialistischen Nachwuchs beitrugen.

Das moderne Wesen der Frau – Kameradin, Kämpferin, Weggefährtin und Mutter

Ging die Frauenforschung in der Mitte der 1970er Jahre davon aus, dass Frauen im NS-/SS-Staat unterdrückt wurden und „daß der nationalsozialistische Staat antifeministisch und patriarchal organisiert und Frauen seine Opfer gewesen seien“, so wandelte sich Jahrzehnte später der Forschungsblickwinkel (Schwarz, S.9 f.). Frauen waren somit wichtiger Bestandteil des SS-Ordens. 240.000 Hochzeiten in der Zeit von 1931-1945 zeigten, dass die „Hüterin der Rasse“ im Interesse der SS-Sippengemeinschaft zu funktionieren habe und zugleich nicht nur als „Gebärmaschine“ agierte.

Und nicht nur das. Während die Figur des Amon Göth in dem 1994 in Kinos anlaufendem Film „Schindlers Liste“ die sehr realitätsnahe Verkörperung eines SS-Psychopathen darstellte, der mit nacktem aufgeschwemmten Oberkörper vom Balkon aus auf KZ-Häftlinge schießt (vgl. zu Göth auch Sachslehner), so wurde bis dato übersehen, dass mindestens 500.000 Frauen im Alter von 17-30 Jahren freiwillig in die besetzten Ostgebiete gingen um im Sinne des Nationalsozialismus dort die Infrastruktur mit aufzubauen. So zum Beispiel: Liesel Willhaus, die vom Balkon aus bei Kaffee und Kuchen auf Häftlinge schoss; Erna Petri, die erst jüdischen Kindern Essen gab um sie dann zu erschießen; Johanna Altvater, die Bonbons an Kinder verteilte um diese dann mit einem Mundschuss zu töten (vgl. hierzu Lower). Oder auch die unzähligen und ungenannten und äußerst aktiven SS-Helferinnen (vgl. hierzu Mühlenberg), die im KZ in verschiedenen Funktionen ihren SS-Dienst taten und sich mit den mordenden Wachmannschaften gesellige Nachmittage und auch ausschweifende Nächte erlaubten. Zahlreiche Bilder im „Höcker-Album“ (vgl. Busch u.a.) von sich amüsierenden SS-Männern und SS-Helferinnen belegen diesen Umstand, aus dem auch mal sog. „andere Umstände“ entstanden.

Mittels unbefristetem tariflichem Arbeitsvertrag (Vergütungsgruppe IX) waren sie Angestellte in den Konzentrationslagern (vgl. Erpel, S. 27), die SS-Verwaltung war jedoch recht schnell mit dem Faktum, dass viele der jungen SS-Aufseherinnen am Arbeitsplatz schwanger wurden – endlich raus vom spießigen Zuhause und frei in der Lebensgestaltung?! – restlos überlastet (Touissant in Erpel, S. 96 f.). Schlussendlich wurden in jedem KZ Familien-

Dienstwohnungen geschaffen um das konservative NS-Familienbild nach außen zu wahren.

SS-Frauen waren also aktiv an der Vernichtungspolitik beteiligt und sollten nicht nur „Gebärmaschinen“ sein. Wenngleich es hier verwunderlich erscheint, wenn Himmler, den „gesunden“ SS-Nachwuchs im Auge habend, die Frage aufkommen ließ, ob SS-Männer die Frauen von im Krieg gefallenen SS-Kameraden schwängern sollten um den Fortbestand der angeblich höherstehenden Rasse und der SS-Sippe zu gewährleisten. Himmler propagierte also eine ausschließlich sexuell orientierte Vielehe im Namen einer Ideologie, wandte sich aber gegen sexualmoralische Einstellungen der aufgeklärteren Weimarer Republik (Sex auch ohne Ehe/Bindung).

Die „richtige“, sprich „Rechte Gattenwahl ist im nationalsozialistischen Staat ein Akt von höchster politischer Bedeutung“, denn der Sippengedanke sei die Angelegenheit „des echten Mannes und der echten Frau“. „Diese Echtheit“ war jahrelang in der Zeit vor dem NS-Regime, nach Auffassung der Sippenbefürworter, verloren gegangen. Eine „Entartung des Geistes zum Intellekt hat die Entartung des Geschlechtstriebes zum ‚Sexus‘ nach sich gezogen, der Mann ging einer willkürlichen Unternehmenslust nach, die Frau degenerierte zu seiner Gespielin und wurde zudem eine Art Modepuppe.“ (Reichsführer-SS, Erste Gabe, S. 28).

Heißt: wenn das Ideal der SS-Sippe erreicht werden soll, dann braucht es eines starken völkisch denkenden Paares, welches sich einig darüber ist, dass beide einen Auftrag zu erfüllen haben, nämlich Sippenerhaltenden Nachwuchs zu erzeugen. Der hierzu nötige Mann muss den Kriterien der Gattenauswahl entsprechen, die Frau, als Hüterin der Sippe, ebenso. Bereits Ende 1931 hatte Himmler den 10 Punkte umfassenden sogenannten „Verlobungs- und Heiratsbefehl“ erlassen. Hier ein paar Auszüge:

„1. Die SS ist ein nach besonderen Gesichtspunkten ausgewählter Verband deutscher nordisch-bestimmter Männer.
2. Entsprechend der nationalsozialistischen Weltanschauung und in der Erkenntnis, daß die Zukunft unseres Volkes in der Auslese und Erhaltung des rassisch und erbgesundheitlich guten Blutes beruht, führe ich mit Wirkung vom 1. Januar 1932 für alle unverheirateten Angehörigen der SS die „Heiratsgenehmigung“ ein.

3. Das erstrebte Ziel ist die erbgesundheitlich wertvolle Sippe deutscher nordisch-bestimmter Art.
4. Die Heiratsgenehmigung wird einzig und allein nach rassischen und erbgesundheitlichen Gesichtspunkten erteilt oder verweigert.
5. Jeder SS-Mann, der zu heiraten beabsichtigt, hat hierzu die Heiratsgenehmigung des Reichsführers SS einzuholen.
6. SS-Angehörige, die bei Verweigerung der Heiratsgenehmigung trotzdem heiraten, werden aus der SS gestrichen; der Austritt wird ihnen freigestellt. (…)"

Es galt nun, für die SS-Männer, entsprechend den gewünschten Frauentypus im SK zu definieren. Die Schönheitsnorm im SK war, so Zeck (S. 323), sehr eng gesteckt und alle nicht gewünschten Eigenschaften wurden pauschaliert übertrieben abgetan, so bspw. Reinlichkeitszwang, übermäßiges Schminken (gleichgesetzt mit Prostituierten) oder eine unterstellte Modehörigkeit, wobei hier deutschen Frauen explizit als abschreckend geltende Beispiele aus Übersee, Frankreich und England gegenübergestellt wurden.

Unterstellt wurde grundsätzlich, dass es naturbestimmt sei, dass Frauen das Lächeln eines Babys einem Dasein am Arbeitsplatz vorzögen und somit sämtliche Ressourcen der Frau auf Arterhaltung, Fortpflanzung und Sippe gerichtet sein sollte. Hierbei ginge es jedoch nicht um die Quantität des Gebärens des Sippennachwuchses sondern um die Qualität, eine Art Leistungsprinzip, zwar gegen die Quantität des sog. Mutterkreuz gerichtet, jedoch an „rassischen Maßstäben" orientiert. „So ist das vom Schwarzen Korps vermittelte Frauenbild keinesfalls das eines ‚Heimchen vom Herd', sondern es ist eingebunden in die Ehe und Familie als Leistungsgemeinschaft." Auch die Ehe selbst wurde dadurch zu einer „Produktionsgemeinschaft." (Zeck, S. 331). Und das galt zu dieser Zeit als modern. Der Wert einer Frau war nämlich nicht über eine selbstbestimmte Partizipation am gesellschaftlichen Leben und an der eigenverantwortlichen Teilhabe von Gesellschaftsaufgaben definiert, sondern über den Nutzen einer Frau für die Gemeinschaft. Und dazu gehörte das Gebären gesunden Nachwuchses für das Volk und die Sippe.

Neben der familiären Einbindung bemühten sich aber auch verschiedene NS-Organisationen wie die NS-Frauenschaft oder das BDM („Bund deutscher Mädel"), jedoch war der Rahmen der Betätigungsmöglichkeiten hier streng reglementiert. Zumal hier oft die biologistische Ideologie des NS-Systems über alles gesetzt wurde und das Schaffen eines nordisch-völkischen Menschenideals absolutes non plus Ultra war. Somit war die Frau dann schlussendlich „vor diesem ideologischen Hintergrund zu einem Objektdasein verurteilt.“ (Zeck, S. 333).

Daran änderte auch der vom Reichsführer-SS verordnete Sippe-Gedanke nichts, nämlich, dass sich ein jeder in der SS, der Kinder eines gefallenen Kameraden so anzunehmen habe, als wenn es seine eigenen wären, wenngleich die Polygamie indirekt propagiert wurde.

Selbstständig denkende, eigenmächtig agierende, emanzipierte oder von einer eng definierten „Norm“ abweichende Frauen gehörten nicht zu den Kameradinnen und Weggefährtinnen des SS-Mannes.

Hämisch anzumerken ist, dass sich im SK jede Menge Anzeigen bestimmter Bars und Etablissements finden ließen. Man könnte annehmen, dass wenn dem jungen SS-Mann die Partnersuche ad hoc noch nicht gelang oder er schlicht und ergreifend nicht zu einer Bindung bereit war und in einer Großstadt wie Berlin schlicht und einfach das Leben genießen wollte, er gerade auf den Frauentyp traf, den seine Zeitung vehement ablehnte. Doch das soll hier nicht weiter vertieft werden.

„Kinderlachen – Lohn aller Mühen“, „Zwischen zwei blonden Zöpfen ein fröhliches Lachen“ – Fotos von dem NS- und SS-Weltbild entsprechenden Kindern.

Werbung im SK für Nachtlokale in Berlin – ggf. eine Alternative für alleinstehende SS-Männer, bis es mit der von RF-SS Heinrich Himmler genehmigten Ehe funktionierte.

Soldatengräber im Sommer 1943 in Babinka, einem Dorf nahe Brjansk/UdSSR – gerade in der Zeit von 1941-1944 während des „Barbarossa-Feldzuges“ finden sich erwartungsgemäß viele Todesanzeigen im SK.

Geburt, Tod, Vermählung, Hochzeit – Anzeigen der SS-Sippe im SK

Interessant ist bei der Durchsicht der neunzig SS-Zeitungen auch die Betrachtung der Geburts-, Vermählungs-, Hochzeits- und Todesanzeigen. Es wurde zur Darstellung dieser Anzeigen eine Auswahl getroffen, wobei Geburtsanzeigen (unter der Rubrik „neues aus der Sippe“) weniger verwendet wurden, da einige der dort aufgeführten Menschen Jahrgang 1935-1945 noch leben könnten. Es soll vermieden werden, dass durch dieses Werk Hinweise auf die Vergangenheit deren Eltern gegeben werden könnten. Wo Kommentierungen möglich waren wurden diese unter der Anzeige ergänzt, besonders bei recht wichtigen Vertretern der Schutzstaffel. Die Anzeigen wurden ohne besondere Schwerpunkte herausgesucht, beginnend im Spätherbst 1935 bis Ende 1944; danach erschienen in meinen Exemplaren keine Anzeigen mehr, was dem Chaos der letzten Kriegsmonate geschuldet sein dürfte.

Nach kurzem, schwerem Krankenlager verschied am Mittwoch, dem 13. November 1935, unser lieber Kamerad, der

SS-Hauptscharführer

Walter Mademann

Inhaber des Goldenen Parteiabzeichens der NSDAP.

Wir werden ihn nie vergessen!

Der Führer des SS-Sturms 5/58

Jung

SS-Untersturmführer.

Der „Inhaber des Goldenen Parteiabzeichens der NSDAP“ und SS-Hauptscharführer verstarb nach kurzer Krankheit im November 1935.

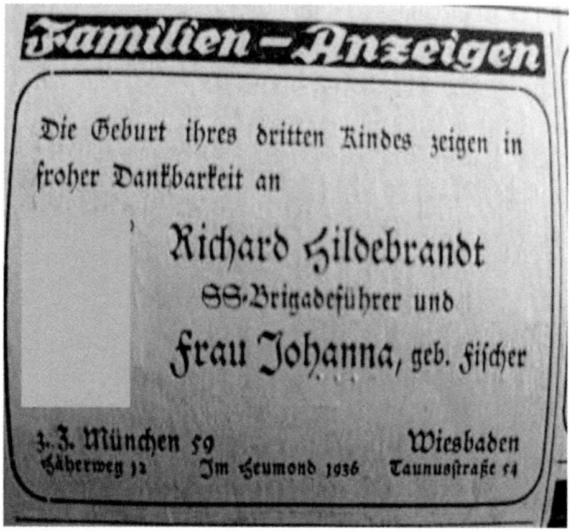

Links: Geburtsanzeige des Kindes der Eheleute Hildebrandt. SS-Brigadeführer Richard Hildebrandt wurde 1951 in Polen gehängt. Rechts: SS-Ausweis von Richard Hildebrandt (geboren in Worms/Rhein), SS-Nummer 7088 (Februar 1931), NSDAP-Mitgliedsnummer 89221 (01. Juni 1928), Kopie der SS-Personalakte in SMK.

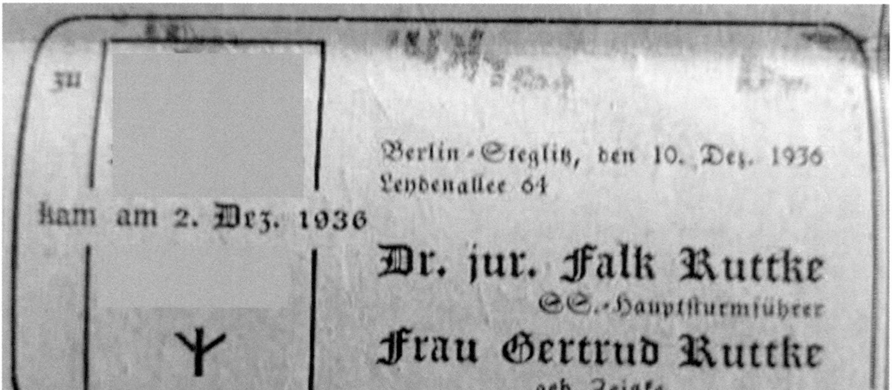

Kindergeburtsanzeige: Dr. Falk Ruttke war Jurist und „Rasserechtler“, wirkte an der Ausarbeitung der „Nürnberger Gesetzte“ mit und starb 1955 bei Stuttgart.

Die glückliche Geburt unseres Töchterchens

zeigen in dankbarer Freude an

Wilhelm Börger SS.-Oberführer
und Frau Dorothea Börger
geb. Williger

Wilhelm Börger kam aus (Essen-) Kray und war ein NS-Arbeiteragitator der antikapitalistisch eingestellt war und deshalb auch bei SPD- und KPD-Genossen gut ankam. Zunächst NSDAP-Ortsgruppenleiter in Neuss, war er später Lehrbeauftragter und Honorarprofessor in Köln. Der später zum SS-Brigadeführer ernannte Börger lebte nach 1945 in Essen und starb 1962 in Heidelberg.

Statt Karten
Friedl Eglseder
Albert Kienast
SS-Untersturmführer
grüßen als Verlobte
Dachau, März 1937

Aus dem KZ-Dachau grüßten als Verlobte Albert und Friedl.

Familienfeier in schwarz: Hochzeitsfoto mit gekreuztem SS-Dolch, Vermählung des SS-Sturmführers Hans H. aus Wuppertal (Repro SMK, erhalten 2016 durch den damaligen Besitzer).

Wir freuen uns, anzeigen zu können, daß uns heute morgen ein gesunder und kräftiger Stammhalter geboren wurde, welcher heißen soll.

Betty Weitzel, geb. Dobrindt
Fritz Weitzel
SS-Obergruppenführer

Düsseldorf, den 15. Juli 1938

Der ehemalige Sozialist und spätere Träger des SS-Totenkopfringes SS-Obergruppenführer Fritz Weitzel war ab 1933 Polizeipräsident in Düsseldorf und Duz-Freund von Heinrich Himmler. Weitzel war für seine persönlich ausgeführten Grausamkeiten in den „wilden" KZs (unter anderem auch der „Kemna" in Wuppertal, vgl. Kiel 2019) und Folterkellern bekannt. 1940 starb er – schwer alkoholisiert und leichtsinnig die Schutzräume verlassend – bei einem Bombenangriff in Düsseldorf.

Am 13. 7. 38 verstarb nach kurzer schwerer Krankheit der

SS-Rottenführer

Friedrich Hartmann

Kommandanturstab K. L. Buchenwald

Wir werden ihm stets ein ehrendes Andenken bewahren!

Koch

SS-Standartenführer u. Lagerkommandant K. L. Buchenwald

SS-Rottenführer Friedrich Hartmann, tätig im Kommandantur-Stab des KZ Buchenwald bei Weimar, starb nach kurzer Krankheit. Zu dem Zeitpunkt wurde neben dem KZ der Zoo für SS-Angehörige und deren Familien eingeweiht. SS-Standartenführer und Lagerkommandant Koch versprach in der Todesanzeige, „ihm stets ein ehrendes Andenken (zu) bewahren!“.

Wir sind getraut

Wilhelm Rating

SS-Unterscharführer

Hilde Rating

geb. Koch

Mülheim/Ruhr Neviges/Rhld.

6. August 1940

Hochzeit in Mülheim an der Ruhr und (Velbert-) Neviges im Rheinland nahe Wuppertal: Wilhelm Rating und Hilde Koch.

Unsere Heide hat einen Bruder bekommen

Erica d'Alquen
geb. Schrader

SS-Standartenführer
Gunter d'Alquen
zZt. Hauptsturmführer und Kp.-Chef in der Waffen-SS

Städtische Krankenanstalten Potsdam, Neue Königstraße

„Unsere Heide hat einen Bruder bekommen – Wolf Dietrich“ – Geburtsanzeige des zweiten Kindes der Eheleute Erica und Gunter d‘ Alquen, SS-Standartenführer, Hauptsturmführer und Kompanie-Chef in der Waffen-SS, Schriftleiter des SK.

Im Kampfe gegen Sowjetrußland starb den Heldentod in heißer Begeisterung für seinen Führer und Großdeutschland mein jüngster Junge, unser lebensfroher, guter Bruder, mein und meines verstorbenen Mannes ganzer Stolz im Alter von 18 Jahren

SS-Untersturmführer in der Waffen-SS
Wilhelm Graf von Wedel
Träger des Goldenen HJ.-Ehrenzeichens

Ida Gräfin von Wedel, geb. von Schubert
Ernst-August Graf von Wedel, Leutnant in einem Inf.-Regt., zZ. im Felde
Beatrix Gräfin von Wedel

Berlin-Dahlem, Ihnestraße 83

Wilhelm Graf von Wedel sen. war Polizeipräsident und SS-Brigadeführer, starb 1939. Sein gleichnamiger Sohn, der Stolz der Familie, war bereits mit 18 Jahren SS-Untersturmführer und Träger des goldenen HJ-Ehrenzeichens und „starb den Heldentod in heißer Begeisterung für seinen Führer“.

Unser lieber, ältester Sohn und Bruder

Fritz v. Paris

Leutnant in einem Reiter-Regiment

fand bei den Kämpfen um Riga den Heldentod für Führer und Vaterland.

Fritz von Paris, SS-Standartenführer in der Waffen-SS
Antje von Paris, geb. Versteeg
Hendrik von Paris, Leutnant in einer Kampffliegerschule
Hildegard von Paris

Braunschweig, den 14. Juli 1941
SS-Junkerschule

Fritz von Paris, gleichnamiger Sohn des SS-Standartenführers an der SS-Junkerschule in Braunschweig, wird die Familie mit Stolz erfüllt haben.

In begeistertem Einsatz für seinen geliebten Führer und die Erhaltung unseres Volkes starb am 12. Juli 1941 in soldatischer Pflichterfüllung im Kampf gegen den Bolschewismus den Heldentod mein über alles geliebter Mann, der treusorgende Vater unserer Kinder,

SS-Sturmbannführer in der Waffen-SS

Wilhelm Grezesch

Träger des Blutordens und des Goldenen Ehrenzeichens der NSDAP., Inhaber des E. K. II 1939

im Alter von 35 Jahren.

In stolzer Trauer
Irma Grezesch, geb. Mohr,
u. Kinder Hartwig, Silke u. Wölfchen
und alle Angehörigen

Berlin-Lichterfelde, Leibstandartenweg 7

SS-Sturmbannführer Grezesch, im Zivilleben Gärtnergehilfe, war bereits ab 1924 in den Vorläufern der NSDAP aktiv, war deshalb Träger des Blutordens und „Goldenen Ehrenzeichens der NSDAP“, gehörte später zur „Leibstandarte SS Adolf Hitler“. Der vorbestrafte EK-II-Inhaber war ab Dezember 1932 Reichstagsmitglied.

Wir erhielten die traurige Nachricht, daß mein innigst geliebter Mann und treuer Lebenskamerad, mein tapferer, so herzensguter Vater, mein lieber, treuer Sohn, unser lieber Bruder, Schwager und Onkel

ᛋᛋ-Obersturmführer

Gustav Remy

Feldwebel der Marineinfanterie
Inhaber d. EK. I u. II von 1914/18
und anderer Auszeichnungen

den Heldentod starb. Er fiel am 5. 10 bei den Kämpfen im Osten für seinen heißgeliebten Führer und sein geliebtes Deutschland im Alter von 47 Jahren.

Luise Remy, geb. Hasselbach;
Wolfgang Remy.

Solingen-Weyer, Weyerstr. 268 II,
im Oktober 1941.

Der Solinger SS-Obersturmführer Gustav Remy aus Solingen, dem später hingerichteten SS-Standartenführer Paul Blobel (dort wohnhaft naher der Müngstener Brücke) sicherlich nicht unbekannt, fiel mit 47 Jahren. Blobel selber, der 1941 alleine innerhalb von zwei Tagen 33000 Menschen ermorden ließ, wurde als einer der letzten Kriegsverbrecher in Deutschland im Juni 1951 gehängt.

Für seinen über alles geliebten Führer und für Großdeutschlands Freiheit und Ehre fiel am 20. Januar 1943 bei den schweren Kämpfen im Kaukasus an der Spitze seines Grenadier-Bataillons mein lieber Mann, Sohn und Bruder,

Ritterkreuzträger
Hauptmann u. Kommandeur eines Grenadier-Bataillons

Diplom-Ingenieur

Karl Bock

SS-Brigadeführer und Führer des SS-Abschnittes XX (Kiel) / Inh. des Deutschen Kreuzes in Gold, des EK. I und II mit Spange, des Infanterie-Sturmabzeichens, d. Dienstauszeichnungen d. NSDAP. für 10- und 15jährige Dienstzeit

ᛘ 9. 11. 1899 ᛦ 20. 1. 1943

Thea Bock, Gaufrauenschaftsleiterin, im Namen aller Verwandten.

Bayreuth, den 9. Februar 1943.

Den Nationalsozialisten im Gau Bayreuth wird der Heldentod des Ritterkreuzträgers und SS-Brigadeführers Pg. Karl Bock stets ein beispielgebendes Vorbild sein.

Fritz Wächtler
Gauleiter des Gaues Bayreuth

Todesanzeige vom Gauleiter Bayreuth Fritz Wächtler für den Brigadeführer der SS Bock, dessen Ehefrau Gaufrauenschaftsleiterin war. „Den Nationalsozialisten im Gau Bayreuth wird der Heldentod des Ritterkreuzträgers und SS-Brigadeführers Pg. Karl Bock stets ein beispielgebendes Vorbild sein."

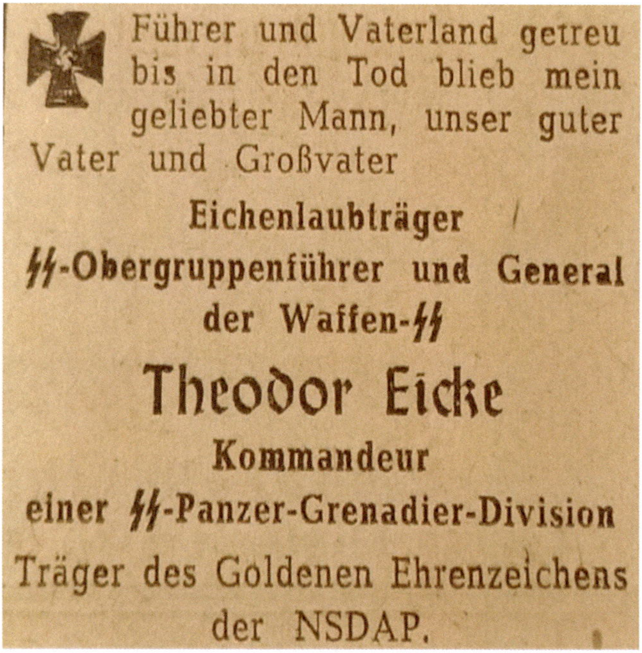

Führer und Vaterland getreu
bis in den Tod blieb mein
geliebter Mann, unser guter
Vater und Großvater

Eichenlaubträger
SS-Obergruppenführer und General
der Waffen-SS

Theodor Eicke

Kommandeur
einer SS-Panzer-Grenadier-Division
Träger des Goldenen Ehrenzeichens
der NSDAP.

Todesanzeige von Theodor Eicke. Eicke war ein 1892 geborener General der Waffen-SS, Organisator des KZ-Systems, Mörder des SA-Führers Ernst Röhm, Führer der SS-Totenkopfverbände und wurde 1943 durch sowjetische Flak abgeschossen. 15 Monate zuvor fiel sein Sohn Leutnant Hermann Eicke. Eicke unterschrieb 1937 widerwillig einen Befehl, dass Misshandlungen an KZ-Häftlingen zu unterlassen seien. Alle drei Monate mussten SS-Angehörige diesen gegenzeichnen (Meyer, S. 84, Buchheim, S. 268). Nach außen schien das „hochmoralisch" und diente zur Beruhigung der anderen Ministerien, nach innen galt der höher gesetzte Wert des „Anstandes" gegen das vermeintlich „Schlechte", sprich: gegen KZ-InsassInnen. Somit war der Willkür gegenüber Häftlingen erneut die Tür geöffnet, denn dem SS-Ordensangehörigen waren die intern geltenden Werte und Regeln wichtiger als Vorschriften von „spießigen" Ministerien.

Am 6. August 1943 verloren [redacted]
und [redacted] ihr Brüderchen

Siegfried

ᛉ 1. 7. 1942

Neues Leben soll diese Lücke schließen.

ᛋᛋ-Hauptsturmführer **Arthur Körwien** u. Frau **Ruth**, geb. Schirach

ᛋᛋ-Junkerschule Tölz u. Hopfgarten, Kr. Weimar/Thür.

Der knapp 5 Wochen alte Siegfried stirbt. Er hinterlässt zwei kleine Geschwisterchen. Rein rationell stellen die Eltern Arthur und Ruth fest: „Neues Leben soll diese Lücke schließen“. Todesanzeige aus der SS-Junkerschule Tölz.

Am 19. August 1944 wurde mir meine liebe Frau, meinen fünf Kindern die herzensgute Mutter, Frau

Käte Pauly

geb. Scharf

ᛉ 3. Juni 1909

nach schwerem, mit großer Geduld ertragenem Leiden allzufrüh für immer genommen.

Im Namen der Sippe: **Max Pauly**, Sturmbannführer der Waffen-ᛋᛋ und Lagerkommandant.

(5a) **Gotenhafen-Adlershorst,** Rixhöfterweg 2.

Käte, Ehefrau des 1946 hingerichteten KZ-Kommandanten von Hamburg-Neuengamme Max Pauly aus Wesselburen/Kreis Dithmarschen, stirbt mit 35 Jahren. Pauly gab im April 1945 den Befehl 20 Kinder im Keller der Hamburger Schule „Bullenhuser Damm“ zu erhängen, um Menschenversuche an ihnen zu vertuschen.

Am 24. August 1944 wurde mir bei einem Terrorangriff mein ganzes Glück genommen. Ich verlor meine innig-geliebte, goldige Frau

Gertrud Maurer

geb. Hüttenrauch

geb. 8. 7. 1913

und meine lieben Kinder

Wolfgang

geb. 2. 4. 1938

Rotraut

geb. 5. 12. 1940

Rüdiger

geb. 23. 5. 1943

Gerhard Maurer, Standartenführer in der Waffen-SS, zugleich im Namen aller Angehörigen.

Oranienburg b. Berlin, Adolf-Hitler-Damm 84a.

Bei einem Bombenangriff im August 1944 verlor Gerhard Maurer die 31jährige Ehefrau und drei Kinder im Alter von ein bis sechs Jahren – der SS-Standartenführer Maurer war neben Heinrich Himmler (Suizid 1945) und Oswald Pohl (Hinrichtung 1951) einer der wichtigsten Akteure in der KZ-Verwaltung, 1953 wurde er in Polen gehängt.

Werbung im SK – gute Reiterhosen und Sonnenschutz für „Braungebrannte“

Das SK musste zur Refianzierung diverser Fixkosten, ähnlich wie heute bei vielen Medien, Werbung schalten um Gelder für bestimmte Dauerkosten reinzuholen.

Verschiedene, auch heute noch bekannte Marken, Schuhhäuser, Tabakkonzerne, Hautpflegemittel, Chemiewerke oder auch Waffenherrsteller sind hier vertreten. Die Werbungsanzeigen werden en gros inhaltlich kurz beschrieben, sie sind eine Auswahl aus 4-500 herausgesuchten Anzeigen der Jahre 1935-1945.

Werbeanzeige für „Das Schwarze Korps“, Januar 1936.

SS marschiert mit „Beiersdorfs Fußcreme" – weitere Produkte der Firma waren „tesa" und „Leukoplast".

„SS-Führer! Wir liefern euch in bester Beschaffenheit (...)" – Anzeige für Ferngläser, Taschenlampen, Stoppuhren usw. der „Reichszeugsmeisterei der NSDAP".

„Die deutsche Apotheke ist (...) die alleinige Lieferantin von Sanitätstaschen (...), Luftschutz-Hausapotheken sowie für den Gesamtbedarf des Werkluftschutzes und Selbstschutzes“ – ein alleiniges Geschäftsfeld laut Ministerialbeschluss.

„Feuerbestattung achtet die Gebote der Pietät.“

Abfeiern im Ballhaus „Moka-Efti“, Kaffee trinken oder in die „Rheinischen Winzerstuben“ zu Gesang und Tanz, seit 1899.

„Fugger Kirsch – Die beliebte Likörmarke“.

„Kampf dem Ungeziefer! Volksgenossen! Vernichtet alle Schädlinge an Volksvermögen und Volksgesundheit!" – Werbung in dem damals üblichen sprachlichen (NS-) Duktus.

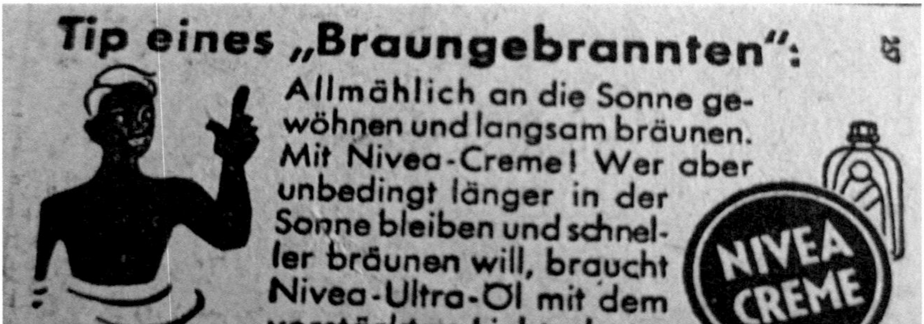

„Tip eines ‚Braungebrannten'": mit Nivea-Creme „schneller bräunen" – was sicher nicht humoristisch gemeint ist in politischer Hinsicht.

„Hauptsache Nivea-Zahnpasta" für 25 Pfennig.

Auch heute noch erhältlich: Rotbart-Klingen („Gut rasiert – gut gelaunt!").

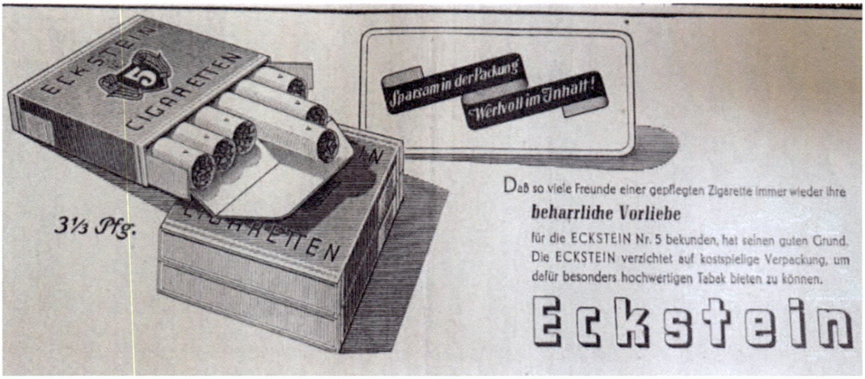

Eckstein-Zigaretten – ohne Filter auch noch bis ins Jahr 2015 rauchbar, 1935 von Reemtsma übernommen.

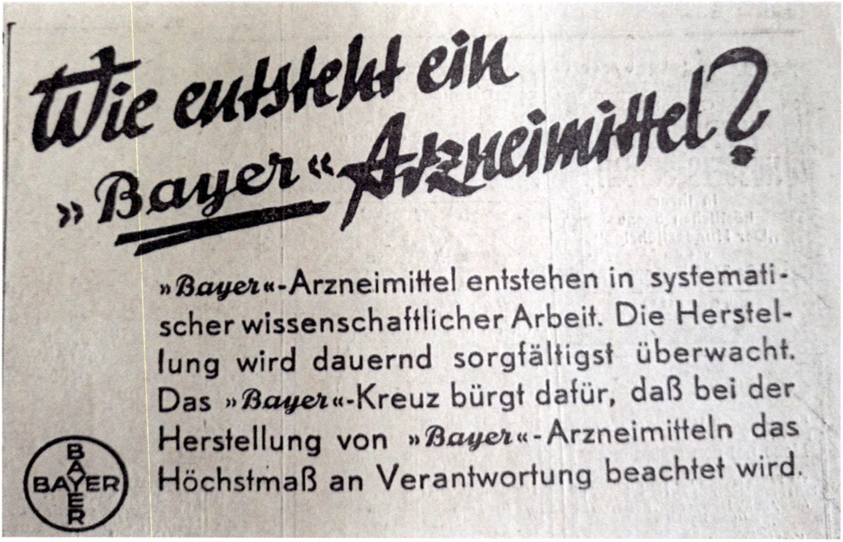

„Wie entsteht ein ‚Bayer' Arzneimittel?" – bspw. durch Forschung in Leverkusen, Wuppertal-Elberfeld, Dormagen oder Krefeld-Uerdingen.

Weinkiste 1939

4 Leiwener Laurentiuslay Moselwein natur
6 Longuicher Probstberg Moselwein
6 Bulgaren Rotwein Büffelmarke natur
8 Enkircher Steffensberg Moselwein

also 24 Orig.-Fl. prachtvolle Weine einschl. Fl., Kiste u. Transportversicherung RM. 68,40, 12 Fl. RM. 34,10 Nachn. oder voraus an Postscheck 20 880 Nürnberg. Rechtzeitige Versandmöglichkeit vorbehalten. Bei Nichtgefallen Betrag zurück.

Weinkellereien Brüder Buchner Passau A.

Moselweine, 24 Flaschen für 68,40 Reichsmark inklusive Versicherung.

„Eine Erma muß es sein!" – die Selbstladescheibenpistole „für sicheres Treffen" aus Erfurt – auch die Firma Walther (u.a. Walther P 38/Walther P 99) warb im SK.

„4711 – Sparta-Creme" aus Köln schütz und pflegt die Haut.

Weitere Amüsierlokale der 1930er Jahre in Berlin: Lach-Kabarett bei „Atlantis", „Haus Vaterland" mit „Exzentrik-Tänzerinnen", Zauberveranstaltungen im „Winter-Garten". Das „Haus Vaterland" lag einen Kilometer vom Potsdamer Platz entfernt und bot Platz für 6000 Gäste mitsamt zwölf Theaterrestaurants. Dieser „Amüsierpalast" zog jährlich Millionen von internationalen „Nachtfalter(n)" an (vgl. Spiegel-Geschichte", S. 25).

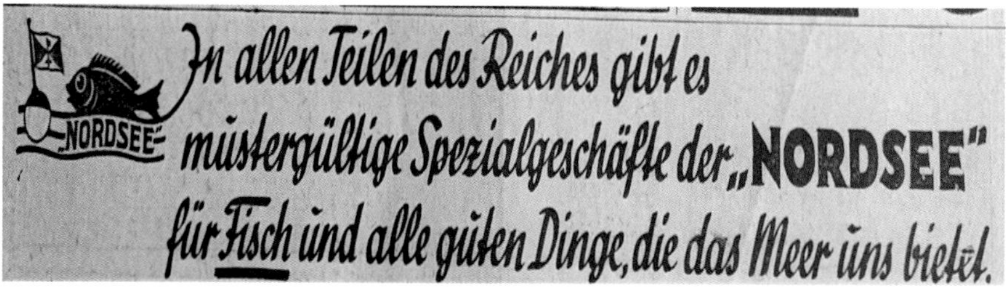

Restaurant und Spezialgeschäft „Nordsee" – „für Fisch und alle guten Dinge, die das Meer uns bietet".

„Vor dem Marsch die Füße pflegen darauf kommt es an!" Gegen Wundlaufen und Fußschweiß gehört „Gehwol" in jedes Feldpostpäckchen an den Ehemann, Verlobten oder Sohn im Feld.

Fahrradlichter aus dem westfälischen Brackwede, „amtl. geprüft" für 1,65 RM.

„Adox" – Fotos von zuhause für die Frontsoldaten.

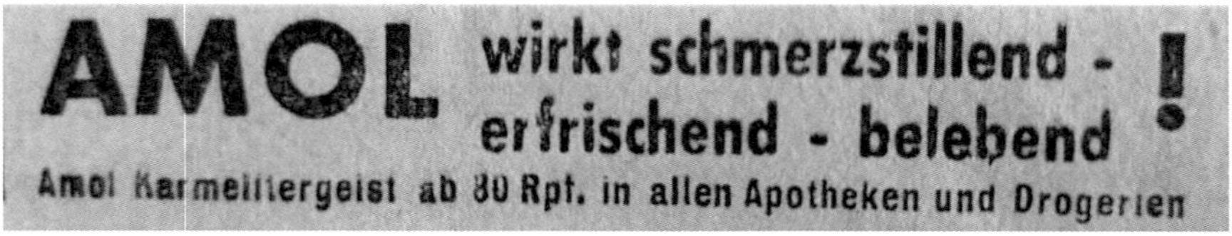

„AMOL" – Karmelitergeist der erfrischend und schmerzlindernd wirkt, „in allen Apotheken und Drogerien".

Auch heute noch weltweit bekannt – Rasierapparate und -klingen aus der „Klingenstadt Solingen".

Buchwerbung wie sie RF SS Heinrich Himmler gefallen würde: der „Hexenhammer" ist ab sofort lieferbar. Himmler hatte hierzu, vermutlich, weil eine Urahnin von ihm als Hexe verbrannt worden war, eine Pseudo-Wissenschaft namens Hexenkartothek ins Leben gerufen.

Um den karriereförderlichen Arier-Nachweis zu bekommen beauftragte man Sippenforscherin M.E. P.-O. mit der Erkundung des eigenen Stammbaumes.

Tanzbeinschwingen im „Studentenhaus“ in Berlin-Charlottenburg mit neuen Kursen im Oktober.

„Bärenstiefel" und Reithosen sind erhältlich bei Helene Bähr und Alfred Knuth. Heute stehen in der Leipziger Straße mehrere bis zu 25 Stockwerke hohe DDR-Bauten.

Zündapp: auch heute noch ein Traum bei (Fahrrad-, Mofa-, Motorrad-) FahrerInnen.

„Hanomag“ – Zugmaschinen mit (damaliger) Spitzenleistung von bis zu 100PS.

Kienzle-Uhren, seit Generationen weltbekannt. Auch heute noch.

„Ich klage an!" – dieser Film aus dem Jahre 1941 erhielt von Goebbels Filmstelle das Prädikat „künstlerisch besonders wertvoll". Inhalt: eine todkranke Frau bittet um Gift um den „schönen Tod" (altgriechisch: Euthanasie) in die Wege leiten zu dürfen. Der Ehemann zeigt den, ihr das Gift aushändigenden, Arzt an. Es kommt zum Prozess, die Tat, sprich: die Herausgabe des Giftes durch den Arzt, wird jedoch als humanitärer Akt dargestellt. Goebbels Propaganda inszenierte das Ganze jedoch so, dass auch hinsichtlich der (Zwangs-) Insassen von Psychiatrien und Vernichtungsanstalten (wie bspw. in Hadamar) trotz Ermordung von Sterbehilfe auf Wunsch gesprochen wird. Der Regisseur des Filmes, Wolfgang Liebeneiner, wurde 1943 zum Professor ernannt, inszenierte im Jahr 1947 das Antikriegs-Theaterstück „Draußen vor der Tür" des am Tag vor der Uraufführung verstorbenen Wolfgang Borcherts. Liebeneiner wurde von jüdischen Bürgern entlastet und als „unbedenklich" entnazifiziert.

Schlanker und straffer mit dem „Gentila-Gürtel" der zudem auch noch überflüssiges Fett wegmassiert. „Sofort sehen Sie schlanker aus" – sinnfreie Werbung aus den späten 1930er / frühen 1940er Jahren.

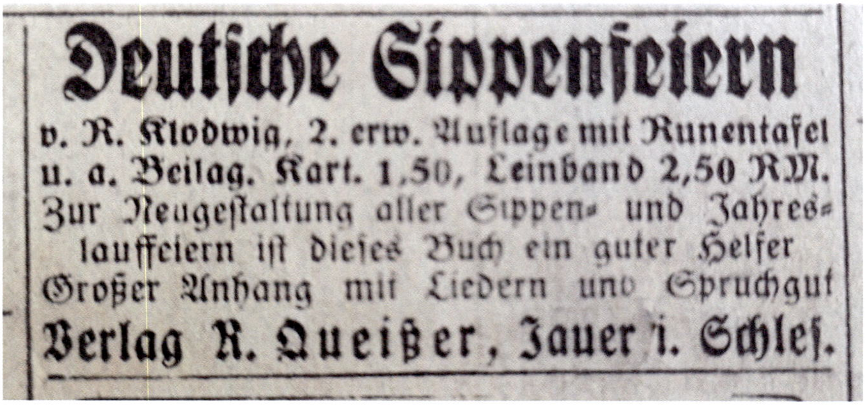

Deutsche Sippenfeiern – inclusive Spruchgut und Liedern.

Kranke Zähne vergiften den Körper – Chlorodont hilft.

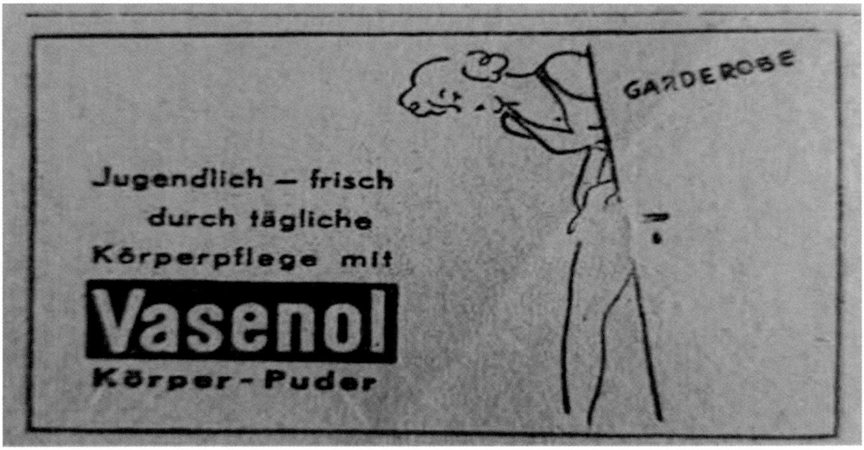

Jugendlich frisch mittels täglicher Körperpflege mit dem „Körper-Puder Vasenol“.

„Weihnacht – Julschmuck“ aus der Marienstraße in Hannover; wo früher „Waldmann & Hahn“ war, sind heute mehrere Ärzte tätig.

Sparen in Kriegszeiten – durch Schälen der Kartoffeln gehen tatsächlich 45.000.000 Kilogramm Kartoffeln jährlich verloren?

Friko aus Dortmund erklärt wie man Obst einmacht, sowohl rohe als auch gekochte Früchte, mit und ohne Zucker.

Freitaler „Rumbo-Seifen-Werke“ mit seinem „vorzüglichen Einweichmittel“ namens „Waschgut“.

„Kossack der Ältere“ offeriert aus Düsseldorf seine „Hautkrem, Zahnpolitur, Haarwasser“ mit „ganz eigener Art u. Wirkung“.

Jungtiere, Osterhasen und Lämmer als Präsent am Eingang des Zoos in Berlin.

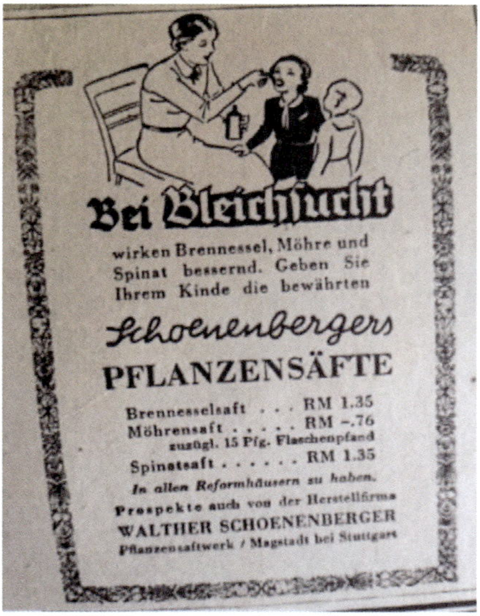

Links: „Bei Bleichsucht wirken Brennessel, Möhre und Spinat bessernd. Geben Sie Ihrem Kinde die bewährten Schoenenbergers Planzensäfte" – rechts: „Biomalz" als „Kräftigungsmittel" von der Firma „Gebr. Patermann" in Teltow.

Ein Buch, welches RF SS Heinrich Himmler als (angeblichen?) Nachfahren einer im Mittelalter hingerichteten Hexe gefallen haben wird. „1600 Jahre Klosterprozesse – der christliche Hexenwahn – Geheimschlüssel zur Weltpolitik".

„Lodix – Schuhpflege" aus den Sidol-Werken: die „Sachen in Ordnung zu halten" ist Pflicht für den Arbeitsmann.

Neben Opel inserierten auch die „Ford-Werke" in Köln im SK.

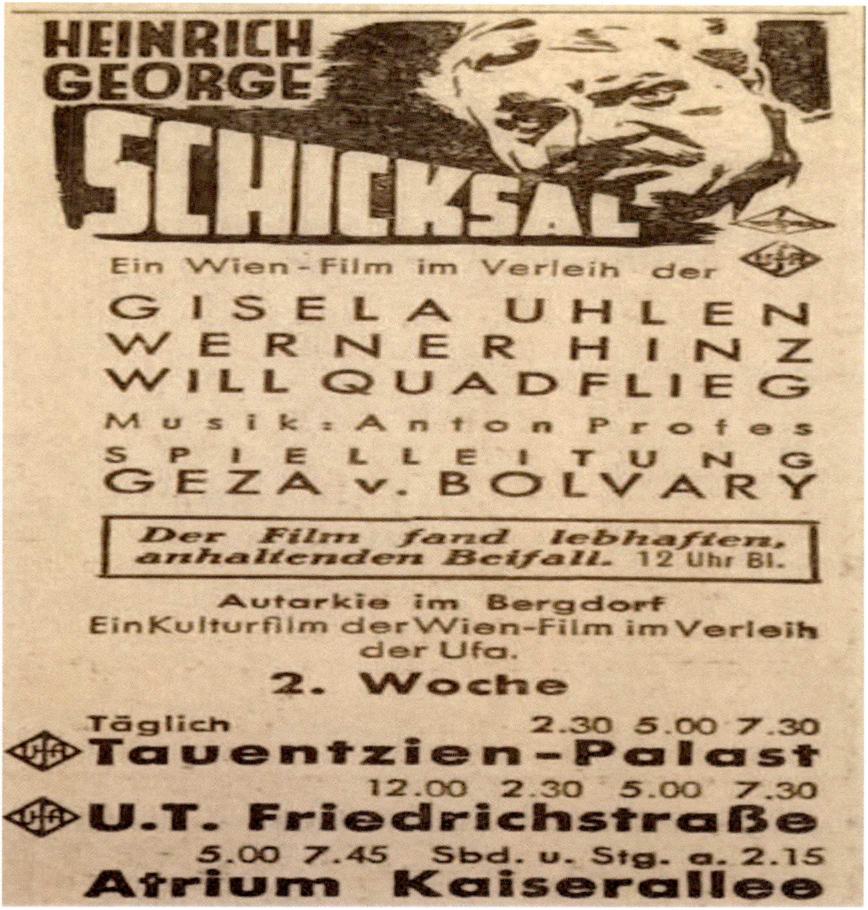

„Schicksal": ein 1942 gedrehter Film, der die „Mannestreue" und die politische Handlung vor jegliche persönlichen Gefühle stellt. Heinrich George, ein herausragender Schauspieler, hatte vor 1933 Kontakte zur KPD und war der Vater von Götz George (u.a. „Aus einem deutschen Leben", „Tatort Schimanski"). Später war er im NS-Staat politisch aktiv und passiv instrumentalisiert worden. Er verstarb 1946 in einem sowjetischen Speziallager auf dem Gelände des ehemaligen NS-KZ Sachsenhausen. Der Film selber ist laut Internetrecherche eher „Kitsch" und „billige Propaganda", verfehlte seine Wirkung wohl aber nicht und wurde 1945 von den alliierten Streitkräften direkt verboten.

Stabile Fahrrad-Anhänger aus Berlin-Schöneberg von Hartmann aus der Grunewaldstraße 81. Heute bekommt man unter dieser Adresse vietnamesische Spezialitäten.

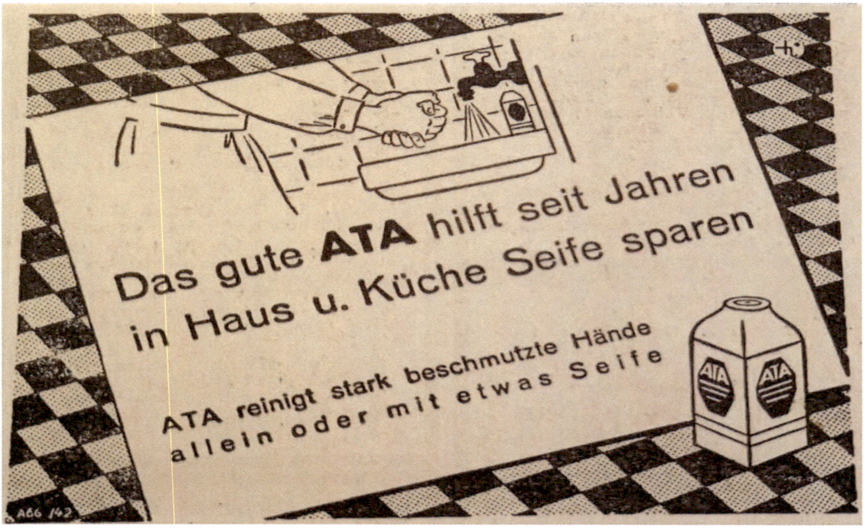

Ata-Scheuerpulver von Henkel aus Düsseldorf – hätte auch anstelle des anderen Düsseldorfer Waschmittels „Persil" für die Reinwaschung ehemaliger NS-Größen nach 1945 herhalten können: „Ata reinigt stark beschmutzte Hände".

Die Hohner-Mundharmonika war auch in den späten 1980er Jahren noch bei Pfadfinder- und kirchlichen Jugendfreizeiten mit dabei.

Märkisches, westfälisches und rheinisches Vollkornbrot von Aschinger. Aschinger übernahm auch den, an anderer Stelle genannten, Amüsierbetrieb „Haus Vaterland" (mit jährlich Millionen „Nachtschwärmern" aus aller Welt und 6000 Plätzen auf 12 Ebenen) im Rahmen der Arisierung und arbeitete eng mit dem NS-System zusammen. Auf Reichsparteitagen wurde Aschinger-Bier ausgeschenkt.

Auch heute noch beliebt: Mineralwasser von „staatlich Fachingen“ aus Rheinland-Pfalz.

Zarah Leander, Ilse Werner, Grethe Weiser und Heinrich George – theatralische NS-Propaganda im dritten Kriegsjahr: „Hochzeit auf Bärenhof“ und „Die grosse Liebe“.

Kleinkaliber-Wehrsportgewehre der Gustloff-Werke: durch Arisierungen wurden durch Zusammenschluss mehrerer Firmen die nach dem Schweizer Nationalsozialisten Wilhelm Gustloff benannten Werke gegründet. Diese produzierten ¼ aller Waffen für das Heer, hatten Außenstellen neben dem KZ-Buchenwald, wo Zwangsarbeiter in dem Rüstungsbetrieb arbeiten mussten. Der Namensgeber Wilhelm Gustloff wurde 1936 von einem jüdischen Studenten erschossen und von der NS-Propaganda zum Märtyrer ernannt. Nach ihm ist auch das im Januar 1945 mit bis zu 10.000 deutschen Flüchtlingen besetzte und durch russische U-Boote versenkte Schiff benannt. Die Torpedierung und Versenkung ist durch geltendes Kriegsvölkerrecht gedeckt.

Private
Haushaltungsschule
Landheim von Specht
Ambach / Starnberger See
Tel. Ammerland 36
nimmt zum Winterhalbjahr junge Mädchen zwischen 16 und 20 Jahren auf zur
Erlernung
der Hauswirtschaft
Geistige Weiterbildung, Werkarbeit, Gymnastik

Für besser gestellte Volksgenossinnen: eine private „Haushaltungsschule" am Starnberger See. „Erlernung der Hauswirtschaft – Geistige Weiterbildung – Werkarbeit – Gymnastik" für reiche Töchter – fernab der NS-Volksgemeinschaft wie es bspw. das NS-Landjahr oder der Reichsarbeitsdienst suggerierten?

Beiersdorfer Leukoplast, auch heute noch „klebkräftig und haltbar".

„TraumaPlast", wer nicht krankfeiern will verwendet diese schnelle Abbindemethode für alltägliche Wunden.

Wurde im SK natürlich weltanschaulich geschult, propagandistisch geschrieben, der Korpsgeist des SS-Ordens betont, ebenso die Betonung der Höherstellung der eigenen „Rasse" immer wieder thematisiert, so sind die Anzeigen im SK ein Querschnitt durch die Produkte die es damals gab und auch heute zum Teil noch gibt.

Ob immer eine ideologische Nähe der Unternehmen zur SS bestand muss angezweifelt werden. Die wirtschaftlichen Interessen der Firmen und Konzerne war die Erreichung einer breiten Leserschaft die man zum Kauf des offerierten Produkts anregen wollte.

Chronologische Darstellung der Zeitung „Das schwarze Korps“ in den Jahren von 1935 bis 1945

Im nachfolgenden werden exemplarisch die sich in der Sammlung des Autors befindenden Zeitungen chronologisch abgelichtet und punktuell auf deren Inhalte eingegangen. Alles wiederzugeben wäre ermüdend, sich stets wiederholende (und somit glaubwürdiger erscheinen sollende?) Aussagen werden lediglich einmal kommentiert. Auf besondere, gerade die speziellen Feindbilder der SS-Zeitung betreffende Artikel wird auszugsweise eingegangen werden. Ähnlich wie bei Heiber/von Kotze vor über 55 Jahren werden die Titelblätter abgelichtet (der hauptsächliche, oberste Teil), wesentliche Inhalte der bis zu 16 Weiten umfassenden Exemplare herausgestellt und kurz kommentiert. Die Auswahl ist rein subjektiver Natur und unterliegt keinen wissenschaftlichen Kriterien. Zur Ergänzung werden einige wenige Titelblätter wichtig erscheinender Exemplare aus Heiber/von Kotze übernommen.

Werbenummer

Berlin, Februar 1935

Das Schwarze Korps

ZEITUNG DER SCHUTZSTAFFELN DER NSDAP

Organ der Reichsführung SS

Unsere Aufgabe

„Das schwarze Korps“, Werbenummer vom Februar 1935, entnommen aus archive.org. Ziel der Zeitung: „soldatische Pflichterfüllung im Dienst und in der Freizeit“.

Berlin, 21. November 1935

Das Schwarze Korps

ZEITUNG DER SCHUTZSTAFFELN DER NSDAP

Organ der Reichsführung SS

Die innere Sicherung des Reiches

27. November 1935 – Ziel: „Die innere Sicherung des Reiches“.

Volksverbundener Hamburger Gauleiter Koch, ursprünglich aus (Wuppertal) Elberfeld kommend, propagiert: es gäbe keinen Klassendünkel, keinen gesellschaftlichen Standesunterscheid und auch deshalb solle jeder SS-Mann wissen, wie die Kumpel im Ruhrgebiet arbeiten.

Werbeanzeige für „Das Schwarze Korps“, Januar 1936.

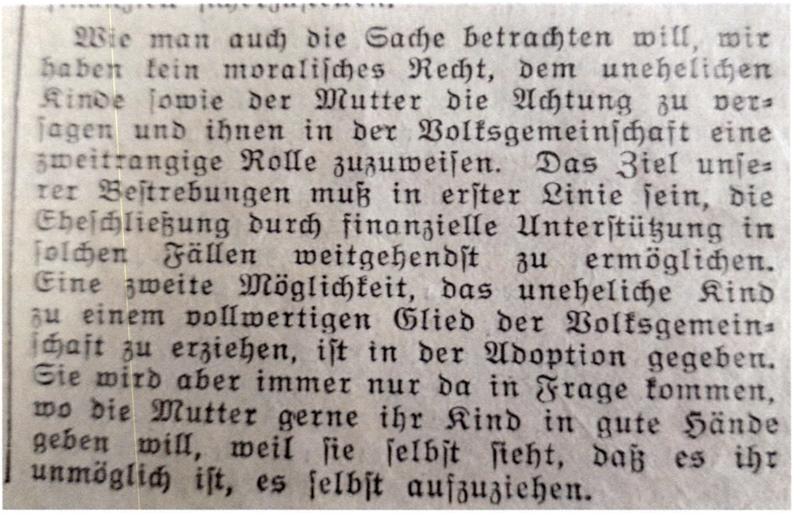

Wie man auch die Sache betrachten will, wir haben kein moralisches Recht, dem unehelichen Kinde sowie der Mutter die Achtung zu versagen und ihnen in der Volksgemeinschaft eine zweitrangige Rolle zuzuweisen. Das Ziel unserer Bestrebungen muß in erster Linie sein, die Eheschließung durch finanzielle Unterstützung in solchen Fällen weitgehendst zu ermöglichen. Eine zweite Möglichkeit, das uneheliche Kind zu einem vollwertigen Glied der Volksgemeinschaft zu erziehen, ist in der Adoption gegeben. Sie wird aber immer nur da in Frage kommen, wo die Mutter gerne ihr Kind in gute Hände geben will, weil sie selbst sieht, daß es ihr unmöglich ist, es selbst aufzuziehen.

Zum Thema „Das uneheliche Kind“ äußert sich das SK am 9. April 1936 wie folgt:

„wir haben kein moralisches Recht, dem unehelichen Kinde sowie der Mutter die Achtung zu versagen und ihnen in der Volksgemeinschaft eine zweitrangige Rolle zuzuweisen." Was als äußerst sozial verstanden werden könnte betrifft jedoch nur den „reinrassigen" Nachwuchs und der Vermehrung vermeintlich guter Gene – eine Alleinerziehende, die ein „nicht reinrassiges" Kind groß zieht wird nicht die Solidarität der Volksgemeinschaft erwarten dürfen.

Das Schwarze Korps

ZEITUNG DER SCHUTZSTAFFELN DER NSDAP

Alte Offiziere und junge Nazis

16. Juli 1936 – „alte Offiziere, junge Nazis".

Erste Dispute mit „alten Offizieren", die auch von jungen Nazis Anerkennung für Leistungen im wilhelminischen Kaiserreich fordern und Gefahr sehen in ihren Leistungen nicht genügend Anerkennung zu finden. Jedoch betont das SK, dass beide Generationen an Soldaten „Selbstdisziplin, Härte, Zucht, Hingabe und Kameradschaft" verbinde und soldatische Tugenden „des alten Offiziers auch wesentliche Merkmale jenes Idealbildes vom deutschen Manne" seien. Jedoch stünde dem jungen Offizier auch ein „recht gestriger Typ gegenüber", exemplarisch wird eine Sitzung des „Reichsverbandes deutscher Offiziere" (RDO) herangezogen. Sollten, so deren Vorsitzender, Interessen des RDO „auf dem Spiel stehen", werde man schnellstens den Kontakt zur obersten Wehrmachtsführung suchen um bestimmte Weichen in puncto deren

Status zu stellen. Das SK hingegen stellt dieser Denke entgegen, dass der preußische durch den deutschen Offizier ersetzt werde, der RDO nicht an „nationalsozialistischem Einsatz“ gehindert werde und zudem mehr Vertrauen in die junge nationalsozialistische Regierung erwartet werde um dann das „Verhältnis zwischen allen alten Offizieren und jungen Nazis“ überhaupt erst zu ermöglichen. Heißt: nicht die Anerkennung der soldatischen Lebensleistung der alten Offiziersgarde, sondern die bedingungslose Anpassung an das neue System steht im Vordergrund einer Annäherung der Generationen.

Ebenso berichtet das SK von einem Aufmarsch der SS und der HJ in Düsseldorf auf der Königsallee. SS-Obergruppenführer Weitzel und SS-Gebietsführer Deinert nahmen mit Gauleiter Florian die Parade ab, besondere Aufmerksamkeit erregte auf der noblen KÖ die berittene Reiter-SS.

16. April 1936 – „Was wollen die Generäle“ in Frankreich?

„Was wollen die Generäle?“ Diese Frage beschäftigt das SK dahingehend, als dass französische Generäle mitsamt den ihnen angeblich zugehörigen jüdischen Bankiers noch im Herbst 1936 einen Krieg nach Deutschland bringen wollen und beruft sich auf eine belgische völkische Zeitung. Verschwörungstheorien folgend kommt nun auch noch der jüdische Anführer französischer Marxisten ins Spiel, der sein Geld in Rüstungsaktien angelegt hat und dem das

SK unterstellt, er plane durch das Anlegen des Geldes bereits durch einen inszenierten Krieg Kapital zu schlagen. Die Überleitung erfolgt nun noch durch die Benennung zweier jüdischer Generäle aus der Sowjetrepublik deren Bestreben es somit sein müsse in Deutschland einzumarschieren. Da Frankreich und Russland ein Militärbündnis seien, könne es gar nicht anders sein, als dass die Generalität der, von Juden indirekt durch deren Kapital gesteuerten, französischen Armee mitsamt jüdischer Generäle und der Sowjetunion das Deutsche Reich angreifen werde.

Das Schwarze Korps
ZEITUNG DER SCHUTZSTAFFELN DER NSDAP
Wir sind ja gar nicht so!

23. Juli 1936 – „Wir sind ja gar nicht so“ oder: geklaute Comics von später Hingerichteten im SK.

Das SK klaute auch bei jenen, die zu diesem Zeitpunkt keine oder kaum eine Lobby mehr hatten, hier bspw. verfolgte Karikaturisten. E.O.Plauen, bürgerlich Erich Ohser, zeichnete seine Comics namens „Vater und Sohn“. Der Zeichner „Waldl“ vom SK übernahm ungeniert diese beiden als Vorbilder für seine „Mutter & Tochter“-Zeichnungen, schrieb auch noch *„geklaut fon WALDL“* dazu. Was war passiert? Ohser war unter anderem in den frühen 1930er Jahren bei der SPD-Zeitung „Vorwärts“ als politischer Karikaturist tätig bis er mit der Machtübernahme der Nationalsozialisten ab 1933 faktisch ein Berufsverbot bekam. Unter dem Pseudonym, E.O.Plauen durfte er später kleinere Veröffentlichungen machen, unter anderem die o.g. Comics von „Vater & Sohn". In der Wochenzeitschrift „Das Reich" hatten seine Stalin-Karikaturen großen Zuspruch erhalten.

Erich Ohser wurde mitsamt seines Schriftstellerkollegen Erich Knauf Ende Februar 1943 denunziert, weil sie sich im Luftschutzkeller bei einem Bombenangriff freimütig über die aktuelle politische Lage unterhielten. Ende März verhaftet und bereits eine Woche später in der ersten Aprilwoche vor den Volksgerichtshof unter dem Richter Roland Freisler angeklagt, erhängte sich Ohser alias Plauen in der Nacht vor dem Prozessbeginn. Sein Kollege Knauf wurde zum Tode verurteilt und Anfang Mai 1944 im Zuchthaus Brandenburg geköpft. Der Denunziant Ohsers und Knaufs, ein SS-Untersturmführer und Hauptmann der Wehrmacht, starb in russischer Kriegsgefangenschaft. Der „Hauptbelastungszeuge" des Denunzianten gegen Ohser wurde vom sowjetischen Geheimdienst im September 1945 verhaftet und verschwand spurlos, starb vermutlich im Zeitraum bis zum 10. Oktober 1945.

„Mutter & Tochter" (Waldl) – „Vater & Sohn" (E.O.Plauen) entnommen aus SK 22. Juli 1936 und aus „Vater hat geholfen", Berlin, Ullstein-Verlag 1935, gemeinfrei entnommen aus wikipedia.de am 02. August 2023.

Das Schwarze Korps

ZEITUNG DER SCHUTZSTAFFELN DER NSDAP

Gedanken zum Führerprinzip

Der Fackelläufer

6. August 1936 – „echte" und „unechte" Führer.

„Gedanken zum Führerprinzip": das SK unterschied in dieser Ausgabe zwischen „echtem" Führertum und einer „echten" Führerschicht versus verschiedener i.S. der SS eher unbrauchbarer Typen einer „Führerperson". Da wäre der Vorgesetzte, der sich von Untergebenen permanent loben lässt, aber ansonsten bei außergewöhnlichen Aufgaben direkt überlastet ist. „Ehrgeizlinge" und „Tyrannen im Taschenformat" werden diese vom SK genannt und sind nicht weniger unbrauchbar als auch der „peinliche Bürokrat" der im Gegensatz zum „echten Führer" keine Verantwortung zu übernehmen bereit ist.

„In beiden Fällen", so das SK, „handelt es sich um Verzerrungen des Führertums". Im NS-Staat werden sich diese „totlaufen" und durch „Erziehung und Auslese" wird auf Dauer eine echte Führerschaft gebildet, die „als lebendige Kämpfer im Dienste der Aufgabe" Geschichte schreibt.

„Arbeiter-Olympiade“ in Barcelona – antibolschewistische Karikatur: der Tod und der Bolschewist gehen über Leichen im umkämpften Barcelona.

Im Juli 1936 putschten in Spanien antidemokratische Militärs, mit Unterstützung von Monarchisten, Großgrundbesitzern und der Kirche, gegen die demokratisch gewählte, nach wenigen Jahren jedoch bereits an Zustimmung verlierende, linke Regierung. Seinen Anfang nahm der Putsch unter Führung von Francisco Franco. Zu Beginn verzeichneten seine Truppen hohe Gebietsgewinne, besonders in den Städten wie Madrid und Barcelona dominierten jedoch linke Organisationen, kommunistische und sozialistische Parteien und Vereinigungen sowie Anarchisten welche sich geschlossen dem Militärputsch entgegensetzten. Somit gelang der Putsch nicht. Wenige Wochen später, Ende Juli 1936, griffen Deutschland und Italien gezielt gegen die linken Gegner Francos, mit militärischer Unterstützung in das Geschehen ein. Monate später, als der Putsch zu scheitern drohte, bombardierten deutsche Flugzeuge zwecks Demoralisierung der Gegner Francos, die schutzlose Stadt Guernica mit x-Hundert Toten. Franco, "El Caudillo de España" („Der Führer von Spanien"), hielt sich bis zu seinem Tod 1975 als Diktator in seinem Land.

Das Schwarze Korps

ZEITUNG DER SCHUTZSTAFFELN DER NSDAP

Wer ist ein Staatsfeind?

Der Untergang des Abendlandes?

1.000.000 MANN FRIEDENSSTÄRKE DES SOWJETHEERES

27. August 1936 – „Wer ist ein Staatsfeind?“

„Emigranten und sonstige Hetzer“ seien die Staatsfeinde par excellence, „Meckerer“ und „griesgrämige Temperamente“ seien nicht unbedingt Feinde, wenn es gelingt, den nationalsozialistischen Gedanken auch in ihnen zu verankern. Keiner soll für sein Engagement VOR 1933 unnötig hart belangt werden, denn das würde ihn von der NS-Volksgemeinschaft allzu sehr entfremden. Wenn es darauf ankomme, dann sei der NS-Staat ein Staat der Härte, ansonsten sollen „Humor“, „Aufklärung“ sowie andere Mittel jeden in die Volksgemeinschaft wieder (zurück-) holen, denn Staat und Volk sind i.S.d. Systems nicht voneinander trennbar.

3. September 1936 – der Nationalsozialismus umgeht seinen eigenen Staat. „Vorsicht Bürokratie!“ betitelt das SK die aktuelle Ausgabe, denn zur Erreichung der nationalsozialistischen Ziele dürfe eine zu eng ausgelegte Bürokratie nicht ausbremsen. Besonders in Bezug auf die Leistungen der Volkgenossen gelte: „Maßgebend ist ausschließlich sein Charakter und seine Leistungen im Rahmen der nationalsozialistischen Gemeinschaft.“ Heißt: wenn er/sie und wenn es der (NS-) Sache dient, dann muss auch mal über Bürokratische Stolperfallen hinweggeschaut werden können. Über „Schichten, Klassen, Stämme und Bekenntnisse hinweg“ gelte es die Aufbauarbeit des Führers fortzuführen.

Titelblatt des SK vom 3.Oktober 1936 – Untertitel: „Ein Weib ist ‚sozialisiert' worden" – Karikatur über das sowjetische Unrechtssystem in puncto der parteipolitischen Vereinnahmung der Justiz durch die stalinistische Partei. Man möchte sagen: wer im Glashaus sitz soll nicht mit Steinen werfen. Der „Untermensch" wird als grobschlächtiger tätowierter Prolet dargestellt, Justitia als reine mädchenhafte und unschuldige „Loreley"-ähnliche Frau.

Das „Gesetz zur Verhütung erbkranken Nachwuchses" wird seitens des SK positiv dargestellt. „Wie sie lügen!" lautet der Titel eines Artikels, in dem die Auslandspresse angegriffen wird wegen der Behauptung, die Sterilisation werde im NS-Staat als Mittel der politischen Verfolgung angesetzt. „Niemand ist schuld, an seinen erblichen Anlagen und wen das Schicksal in ihnen schwer belastet, der ist der Achtung, aber auch des Mitleids seiner Volksgenossen gewiss. Der Verzicht auf Fortpflanzung ist seine selbstverständliche Pflicht, die sein Volk durch den Gesetzgeber von ihm verlangt, unbekümmert um seine sonstige Stellung und seine sonstigen etwaigen Verdienste." Primär spiele – so die SS-Zeitung – das „rassische Bewußtsein" die Hauptrolle bei den Entscheidungen zur Sterilisation. „(D)ie unbestechliche Anwendung der Gesetze des Führers ohne Ansehung des einzelnen und seines Ranges ist die stolze Gerechtigkeit, die der Nationalsozialismus in Deutschland verwirklicht hat."

Dabei griffen die Nationalsozialisten auf das Betreuungssystem der Weimarer Republik zurück. Dort hatten Reformer Beratungsstellen für psychisch kranke Menschen eingerichtet, auf deren erhobene Daten der NS-Staat zugriff und diese zweckentfremdete, um auch die außerhalb von Heil- und Pflegeanstalten lebenden „kranken" Menschen zu erfassen und zwangsweise zu sterilisieren.

Das „Gesetz zur Verhütung erbkranken Nachwuchses" definierte auch Epileptiker, Menschen mit Psychosen und Depressionen, ebenso Blinde oder Taube als krank und somit zum Kreis der zu zwangssterilisierenden Menschen. 300.000 - 400.000 Menschen wurden unfruchtbar gemacht. Man berief sich grundlegend auf den Juristen Karl Binding und den Psychiater Alfred Hoche, die 1920 eine Broschüre mit dem Titel "Die Freigabe der Vernichtung lebensunwerten Lebens" herausgaben in der bei Kranken von „Ballastexistenzen" gesprochen wurde. In „wirtschaftlicher Beziehung" seien „diese „Vollidioten" eine schwere Belastung für die Allgemeinheit" (S. 49).

Das Schwarze Korps

ZEITUNG DER SCHUTZSTAFFELN DER NSDAP

Kirche, wo bist du?

10. Dezember 1936 – „Kirche, wo bist du?" Das SK thematisiert den geringer werdenden Einfluss der Kirche, in einem NS-Staat, in dem auch Kirchenvertreter bei falscher Wortwahl stärksten Repressionen ausgesetzt sind! „Jude Finkelstein!" mit dem „Ehrendiplom" vom „Verband der Gottlosen".

Da freut sich Gruppenführer Heydrich

Während der imaginäre Jude ein Diplom des „Gottlosenverbandes" erhält, übt sich die Volksgemeinschaft in „nationalsozialistischer Solidarität" – „Da freut sich Gruppenführer Heydrich" und sammelt für das Winterhilfswerk. Stolz präsentieren sich spendende VolksgenossInnen an seiner Seite.

Die Sorge aller Mütter

Bild links: Im Laboratorium werden die Farben der Spielwaren genau auf den Enthalt von Giftstoffen untersucht

Bild rechts: Klein-Liesel kann getrost, ohne daß die Mutter Angst zu haben braucht, vergnügt spielen und auch ruhig mal ein Teil in den Mund nehmen; es kann ihr nichts passieren, die Polizei paßt ja auf

gezogen und dem Kleinhändler und selbstverständlich auch den Herstellerfirmen die weitere Herstellung und der Verkauf dieser schädlichen Sachen untersagt.

So wird alles Menschenmögliche getan, um unsere Kleinen zu behüten, und jede Mutter kann getrost und ohne Sorgen so viel und so bunte Spielzeug kaufen, wie es ihr und ihrem Geldbeutel Spaß macht.

Die Polizei, der Helfer und Freund aller, ist auf dem Posten.

17. Dezember 1936 – Weihnachtsgeschenke oder reiner Konsumrausch mit verunreinigtem Spielzeug? „Die Sorge aller Mütter“ wird im SK kurz vor Weihnachten angesprochen. Wird „Klein-Liesl“ mit ordentlichem Spielzeug versorgt oder ist dort Arsen oder Bleiweiß enthalten? Fragen, die auch in abgewandelter Form heutige Eltern interessieren. An anderer Stelle in der Ausgabe wird thematisiert, dass Weihnachten vor der Tür stehe und hier nicht Masse, sondern Klasse verschenkt werden solle, Kleinigkeiten die ankommen und nicht das wahllose Verschenken von billigem Ramsch, Maßhalten statt blinder Konsum. Ebenfalls Fragen, die man sich auch heute noch stellen kann.

Arbeitstagung in Münster

Die Parolen für das neue Kampfjahr

14. Januar 1937 – Parolen für das neue Kampfjahr werden auf der SS-Arbeitstagung in Münster herausgegeben. SS-Obergruppenführer Weitzel schildert hierbei die Gesetze die den Marsch der Schutzstaffel in Deutschlands Zukunft weisen. Personifiziertes Bild dieser Zukunft: aufgewecktes Mädchen mit blonden Zöpfen und einem fröhlichen Lachen.

Das Schwarze Korps

ZEITUNG DER SCHUTZSTAFFELN DER NSDAP

Unsere Opposition

21. Januar 1937 – Sex mit den eigenen Schwestern: der Fall des Theologie-Studenten Schülle.

Bildunterschrift: „Seit wann ist Blutschande ein Hindernis für die Priesterlaufbahn?? – Das hieße ja päpstlicher sein als mancher Papst!“ Im Hintergrund der für seine sexuelle Freizügigkeit bekannte Papst Alexander VI. (vgl. hierzu auch Deschner).

In „Franziskaner-Niederlassungen im Rheinland“ sollen „Schwachsinnige“ und „Pfleglinge“ durch Theologen missbraucht worden sein. Die Presse legte ihr Augenmerk, gelenkt von Propagandaminister Dr. Joseph Paul Goebbels, auf diese Vorfälle. Insgesamt 2500 Vorfälle, so die eigene Recherche, seien in zwei Jahren überprüft worden. 250 Anklagen gab es, die meisten wurden wegen Geringfügigkeit eingestellt. Vereinzelte Fälle wurden Jahre später abgeschlossen und vor Bonner und Koblenzer Gerichten geklärt. Medienwirksam inszenierte Reichspropagandaminister Goebbels die wenigen (und schlussendlich) gerechtfertigten Verfahren in der staatlich gelenkten Presse.

Lediglich knapp 10 % der Fälle kamen jedoch vor Gericht und die Verurteilungen bewegten sich im Promillebereich gemessen an der Zahl der angeblichen Verdachtsfälle – was nicht bedeutet, dass hier das Leid der Opfer verklärt werden soll. In den 2500 Ermittlungsverfahren und schlussendlich 250 Anklagen wurden insgesamt – so Hans Günter Hockerts – 64 Priester und 170 Ordensangehörige (aus Montabaur, Trier, Neuss, Waldbreitbach und Köln) zu Haftstrafen verurteilt und zum Teil später in Konzentrationslager überstellt.

Umso schlimmer, so die Berichterstattung im SK, dass der 19-jährige Theologiestudent Hans Schülle wegen ähnlicher Delikte angeklagt wurde. Er soll mit seinen 13- und 14-jährigen Schwestern sexuell verkehrt haben, die 13-jährige Katholikin wurde von ihm schwanger. Da er aber gebeichtet habe sähe er kein Problem darin, weiterhin auf das Priesteramt hin zu studieren, zumal ihm kirchliche Absolution erteilt worden sei. Die Schlussfolgerung des SK in puncto der verlogenen Sexualmoral der katholischen Kirche: es gäbe „hier ein Einzelfall", „dort mehrere Einzelfälle" und verurteilt pauschal jeden katholischen Theologen per se als Sexualstraftäter.

Dass, so in einer Rezession der Zeitung „Spiegel" von 1971 zu Hockerts Buch, Anstaltszöglinge der kirchlichen Einrichtung erst durch Bestechung mittels Zigaretten und Schokolade zu Belastungszeugen wurden (denen man ansonsten das KZ androhte) sei „am Rande" erwähnt. Dass es trotz einiger Recherchen in diversen Büchern keine Hinweise auf einen „Fall Schülle", der Sex mit seinen minderjährigen Schwestern hatte, gab ebenso.

Nach solchen Vorkommnissen hätte man eigentlich erwartet, dass die Kirche in den 20er Jahren des 21. Jahrhunderts die Missbräuche in den eigenen Einrichtungen seit den 1950er Jahren offensiver aufarbeitet.

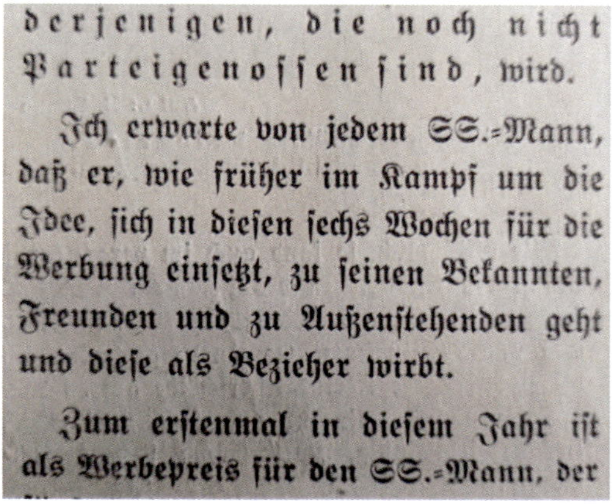

derjenigen, die noch nicht Parteigenossen sind, wird.

Ich erwarte von jedem SS.-Mann, daß er, wie früher im Kampf um die Idee, sich in diesen sechs Wochen für die Werbung einsetzt, zu seinen Bekannten, Freunden und zu Außenstehenden geht und diese als Bezieher wirbt.

Zum erstenmal in diesem Jahr ist als Werbepreis für den SS.-Mann, der

18. Februar 1937 – „Werbung in eigener Sache", angeordnet vom RF-SS selbst: Die „10 Durchführungsbestimmungen für die Reichspropagandaaktion für das ‚Schwarze Korps'" beinhalteten, dass jeder SS-Angehörige auf Befehl Himmlers Abonnenten für das SK werben musste. Waren der Absatz und das Leseinteresse zu schwach, musste Druck erzeugt werden, damit die Zeitung kostendeckend erscheinen konnte?

Das Schwarze Korps

ZEITUNG DER SCHUTZSTAFFELN DER NSDAP

Schwarzer Dolchstoß!

25. Februar 1937 – „fromme Brüder" plaudern in Spanien mit „Bolschewisten". „Mehr", so das SK, „wollten wir nicht feststellen." Katholische Priester werden pauschal, obwohl die Kirche en gros mit am Putsch beteiligt war, als Kampfgenossen der linken Truppen diskreditiert. Analog der Dolchstoß-Legende von 1918 nun, anstelle der „Roten"/SPD nun die schwarzen Katholiken.

„Negerblut zivilisiert“ – Schwarze tanzen in Harlem einen „Negertanz“ der jeden Weißen wegen seiner „kannibalischen Bauchverrenkungen“ und seiner „obszönen Handverrenkungen“ abstößt. Da helfe auch kein Anzug und keine Doktorwürde. Und, so das SK: warum wirft einem die Presse der angeblichen „Demokratie Amerika“ in den 1930er Jahren Ungleichbehandlung von Juden im NS-Deutschland vor wo doch dort Schwarze durch Farmer gelyncht und aufgehängt werden? Zu dem o.g. – auch in den 1950er Jahren abfällig benannten – Tanz: 20 Jahre später tanzten deutsche Jugendliche den Nachfolger des Tanzes „Lindy Hop“, „Jive“ und „Rock ’n Roll“ in den Milchbars der jungen Bundesrepublik. Ob Elvis Presley, Fats Domino oder Bill Haley: die Musik verband die Kontinente, die Hautfarbe spielte (zumindest offiziell!) nicht die tragende Rolle.

Das Schwarze Korps

ZEITUNG DER SCHUTZSTAFFELN DER NSDAP

Das sind Staatsfeinde!

4. März 1937 – „Das sind (Anm.: WEITERE!) Staatsfeinde!“ – Schwule und Lesben.

„Das sind Staatsfeinde“: wegen des (erst im Jahr 1994 abgeschafften) §175 StGB seien homosexuelle Männer und Frauen, so das SK, Staatsfeinde, ebenso die Befürworter eines „dritten Geschlechts“. Die eruierten zwei Millionen „von der Seuche Befallenen“ seien dazu verdammt charakterlich zu verderben (ohne zudem – so vom SK ermittelt – arischen Nachwuchs in Höhe von 1,5 Millionen Kindern jährlich zu produzieren) und der Staat könne nicht Sanatorien für 2 Millionen Kranke einrichten. Sie sind – so die SS-Logik – nicht heilbar, unproduktiv, kosten Geld und sind eine Gefahr für die Allgemeinheit, denn ein Lehrer oder ein Jugendbundführer kann eine ganze Jugendgruppe mit der „Seuche Homosexualität infizieren“. Die Homosexuellen seien „ein Staat im Staate“ und verdienen kein Mitleid, sondern müssen „ausgemerzt“ werden.

Am Rande sei vermerkt, dass einige hohe NS-Funktionsträger homosexuell waren. SA-Chef Ernst Röhm, erschossen vom späteren General der Waffen-SS und KZ-Organisator Theodor Eicke und dem 1969 in Wuppertal verstorbenen SS-Standartenführer Michael Hans Lippert, war nur einer von mehreren.

Per Leserumfrage will das SK in der gleichen Ausgabe ermitteln, was getan werden muss damit möglichst jung geheiratet wird. Umso jünger geheiratet wird, desto eher besteht nach dem damaligen, zumindest offiziellen moralischen Verständnis die Möglichkeit zum Sex und desto mehr arischer und produktiver Nachwuchs kann bis zu den Wechseljahren gezeugt werden. Die Leserschaft schlägt vor: Schaffung von bezahlbarem Wohnraum, Senkung der Ausbildungskosten, Beihilfen zu Wasser-/Strom-/Gaspreisen, Schaffung langfristiger und günstiger Kredite für junge. Wer als Frau mehr als fünf Jahre gearbeitet hat erhält bei „Verehelichung“ die Rentenbeiträge zurückgezahlt – zwar wurde dann ein Arbeitsplatz für einen Mann frei, aber Altersarmut der Witwe war u.U. auch vorprogrammiert. Bestätigt u.a. in einem Schreiben einer Verwandten, die 1937 bei einem Großkonzern ausschied „um sich zu verehelichen“. 1943 wurde sie Kriegerwitwe mit zwei Kindern. Die 1950er Jahre starteten für sie, wie für viele andere, am „Rentennullpunkt“.

„Das Schwarze Korps"

Der ewige Jude

„Der ewige Jude" – Titel eines gleichnamigen Propagandafilmes. Stalins Widersacher Trotzki im Exil, später vom Geheimdienst des sowjetischen Diktators ermordet. Das SK macht sich lustig darüber, dass Trotzki wohl unter Verfolgungswahn leide, denn er behauptete immer wieder bald ermordet zu werden. Wenn ihn jemand ermorden wolle, dann – so die SS-Zeitung – hätte man das auch schon längst geschafft. Er werde ewig leben, sei „Der ewige Jude" über den Jehova wache. Im August 1940 wurde er vom stalinistischen Geheimdienst im Exil in Mexiko mit einem Eispickel erschlagen.

Das Schwarze Korps

ZEITUNG DER SCHUTZSTAFFELN DER NSDAP

Wir schämen uns!

18. März 1937 – „Tanzende Negerin im Bananenkleidchen".

„Wir schämen uns!“ – „Vor einer begeisterten Menge wabernder jüdischer Frauen hat der Neuyorker Bürgermeister Laguardia (Anm.: in einer anderen SK-Ausgabe dargestellt als Film-Affe King-Kong) eine fürchterliche Drohung ausgestossen“ und wolle eine Ausstellung eröffnen, die die Kulturlosigkeit der deutschen Kunst aufzeige. Das misslinge jedoch, denn die „Neuyorker sind ein heiteres Völkchen“ und erfreuen sich „wenn eine Negerin auftritt, mit nichts als einer Banane bekleidet.“ (Anm.: Josefine Baker) Somit schäme man sich dieser Kunst in den USA, nicht aber der eigenen.

Dafür aber schäme man sich der eigenen Frauen, die unproduktiv den halben Tag im Bett verbringen: das „NS-Antibild“ der rauchenden Langschläferin mit Hang zur Kneipen- und Kunstkultur sowie dem Laster des Kartenspiels verfallen versus der „Frau von heute“ mit Säugling und Ehemann im Wöchnerinnenbett – eine Waldl-Zeichnung (vgl. zu ihm die Anmerkung bei „Vater & Sohn / Mutter & Tochter) zum Frauenbild in der SS-Zeitung.

„Zum Thema Gnadentod“, sprich „der Euthanasie“, sprich „Der schöne Tod“, sprich „der Vernichtung unwerten Lebens“: eine Leserbriefschreiberin wendet sich an das SK, denn eine Bekannte habe fünf Kinder, vier gesunde und eines welches als „Idiot“ bezeichnet wird, auf nichts reagiere, schwachsinnig sei. 100 RM zahlen die Eltern monatlich an die das Kind betreuende Anstalt, Geld welches den anderen vier Kinder verlorene ginge und tausende von Reichsmark habe es schon insgesamt gekostet. Was hier getan werden könne, so die Leserin. Die Antwort: ein Kind welches nicht zum Überleben geboren sei habe kein Anrecht auf das Leben, hier läge die christliche Nächstenliebe daneben. Nach der neuen Gesetzeslage schreibt das SK: „Wir dürfen humaner sein. Und ihm einen schmerzlosen Gnadentod bereiten. Das ist die einzige Humanität, die in solchen Fällen angebracht ist (…).“

Wieder zum Thema „Staatsfeinde“ wetterte auch ein weiterer Artikel gegen Homosexuelle, hier den Sexualforscher Hirschfeld aus Berlin.

„Staatsfeinde“ laut SK – Pressefreiheit für Erzeugnisse mit sexuellem Hintergrund? Gipfel dieser „Perversität“ sei die Errichtung eines Lehrstuhls am Institut für Sexualforschung unter Dr. Magnus Hirschfeld. Hirschfeld lebte mit zwei erheblich jüngeren männlichen Geliebten zusammen und war Dauergast in Transvestiten-Clubs. Als Forscher zur „Theorie des dritten Geschlechts“ war er das personifizierte Feindbild in den Augen der NS-Propaganda; der aus jüdischer Familie stammende Hirschfelder ging 1933 ins Exil wo er 1935 starb.

Das Schwarze Korps

ZEITUNG DER SCHUTZSTAFFELN DER NSDAP

Großherzogin war dagegen!

21. April 1938 – Österreich war seit März 1938 mit Deutschland zum Großdeutschen Reich zusammengewachsen. Nun wurde mit der Vorgänger-Regierung gnadenlos abgerechnet.

Weltanschauung am Würgegalgen!

Die PEST von WIEN

Links: „Weltanschauung am Würgegalgen" – österreichische Nationalsozialisten wurden durch diesen seinerzeit hingerichtet. Diese Art der Hinrichtung war eine „Spezialität" in Österreich von 1870-1950. Mit der Wiedereinführung der Todesstrafe 1933 unter Dollfuß und bis 1938 unter Schuschnigg, wurden im Austrofaschimsus mehrere Dutzend Menschen auf diese Art exekutiert. Darunter im Juli und August 1934, nach dem gescheiterten Juliputsch 1934 bei dem auch Dollfuß ermordet wurde, viele Nationalsozialisten. Rechts: neben den österreichischen Nationalsozialisten als „jüdischer“ Kontrast „Die Pest von Wien“.

Das Schwarze Korps

ZEITUNG DER SCHUTZSTAFFELN DER NSDAP

„Siehe — das ist Hitler!“

Der neueste Hirtenbrief

01.09.1938 – biblisch: „Siehe – das ist Hitler!“ – „Juden unerwünscht!“

„Juden unerwünscht“ – das SK befasst sich Anfang September mit der „Rechtsunsicherheit“, wie man als Gaststätten- und Hotelbesitzer seinen Anspruch durchsetzen kann, einem Juden das Haus zu verbieten. Eine strafrechtliche Analyse des Hausfriedensbruchs folgt der Auflistung. Jeder könne einen Juden, der sich nicht zu erkennen gäbe auf Verdacht festnehmen bis die Polizei einträfe. Wenn sich dann herausstelle, dass er einer ist, greift die Staatsanwaltschaft auf Antrag des Gastwirtes ein. Dieser s

ollte selbstredend Strafanzeige erstatten, wenn er nicht die „deutsche“/„arische“ Kundschaft verlieren will.

der politische Soldat

DIE GROSSE LÜGE des
POLITISCHEN KATHOLIZISMUS

DAS IST DIE WAHRHEIT
Jeden Tag ein neues Kloster

Ansprache an die „Neudeutschen" aus Österreich: „Die große Lüge des politischen Katholizismus" – stilistisch in roter Farbe hervorgehoben.

Einzelpreis 15 Rpf.

Berlin, 24. November 1938

Das Schwarze Korps

ZEITUNG DER SCHUTZSTAFFELN DER NSDAP

Organ der Reichsführung SS

Juden,
was nun?

24. November 1938 (entnommen aus archive.org): „Juden, was nun?" Nach der Reichkristallnacht vom 9./10. November 1938 könne keinem Deutschen mehr „zugemutet" werden mit Juden zusammen zu leben.

SK 12. Januar 1939 – Himmler bei seinem Führer: RF SS Heinrich Himmler wird, anlässlich seines zehnjährigen Dienstjubiläums, von Hitler auf dem Berghof empfangen. Keitel, Göring und andere Kampfgefährten schicken pflichtbewusst ein- bis zweizeilige Glückwunschtelegramme.

Das Schwarze Korps

ZEITUNG DER SCHUTZSTAFFELN DER NSDAP

Die Stunde nach dem Sieg

SK 18. Juli 1940 – „Die Stunde nach dem Sieg".

Euphorisch schreibt das SK, dass nach dem endgültigen Sieg des Krieges die Geschichtsschreiber Geschichte FÜR das deutsche Volk auf der Grundlage der Berichte derjenigen, die die Schlachten mitgemacht haben, schreiben müssten. Klingt so, als wenn die Überschriften dann lauten würden „Ich vernichtete 30.000 Staatsfeinde in Auschwitz“, „Töten für den Führer“ oder „Keine Gnade mit jüdischen Kindern – wie ich Deutschlands Zukunft im Ghetto Warschau rettete“.

Der NS-Kulturpolitiker und SS-Brigadeführer Hanns Johst wird vom Führer anlässlich seines 50. Geburtstages geehrt. Nach 1945 schrieb der hochrangige Nationalsozialist und ehemalige Reichskulturfunktionär Gedichte in der Edeka-Supermarkt-Zeitschrift „Die kluge Hausfrau“.

Dass eine Baronin eine Arbeitsmaid zusammen mit einem „braven polnischen Mädchen“ in einem Zimmer schlafen lässt stösst bei der SS-Zeitung selbstredend auf Widerspruch. „Warum nicht mit den (…) Schweinen im Schweinestall?“ Ein Warnung in Richtung der Adeligen gab es in Form eines Gerichtsurteiles eines Richters, „der für seine wirklich nationalsozialistisch durchdachten und begründeten Richtersprüche längst bekannt ist“ und einen Mann wegen des verbotenen Umgangs mit Kriegsgefangenen zu einer mehrjährigen Haftstrafe verurteilte.

Das Schwarze Korps
ZEITUNG DER SCHUTZSTAFFELN DER NSDAP
Sind wir denn Imperialisten?
Nero II.

SK 12. September 1940: ist NS-Deutschland imperialistisch?

Das SK vom 12. September 1940 befasst sich aus seiner Sicht mit der Frage, ob das nationalsozialistische Deutschland imperialistisch sei oder ob dieser Vorwurf eher im Auge des Außenbertrachters zu finden sei.

Polen, so das SK, hätte bei kooperativerem Verhalten i.S. der NS-Außenpolitik nicht von der Landkarte verschwinden zu brauchen, Belgien und Holland hätten auf „das falsche Pferd“ gesetzt, Frankreich hätte anerkennen müssen, dass Deutschland außenpolitisch wieder stark sei und weiterhin werde und Großbritannien, „deren Weltmacht als ein Faktum anzuerkenne(n) (sei) das wir respektieren wollten“ stellte sich gegen das Reich. Das SK verschweigt, dass die gewollte Kooperation seitens Polen Völkerrechtswidrig und für einen Patrioten inakzeptabel war, unterschlägt mit Absicht die Vertragsbeziehungen der Benelux-Staaten ebenso wie mit Frankreich und Großbritannien.

Nach Auffassung dieser Länder hätte, so das SK, angeblich seit 1933 das Ziel der NS-Außenpolitik darin bestanden, imperialistisch andere Staaten (aufgezählt werden an dieser Stelle alle die, die im Sommer 1940 durch die Wehrmacht besetzt worden waren) zu vereinnnahmen, was aber Hitler „hundertfach“ verneint habe indem er behauptete, dass der „Nationalsozialismus kein Exportartikel“ sei, sondern dass man in einem „Großdeutschen Reich“ alle „deutschen Stämme“ vereinigt sehen wolle und keinem anderen Volk seine nationalsozialistische Kultur aufzwingen werde.

Allen Ernstes schreibt das SK, dass man ja gar nicht imperialistisch sein könne, habe man doch (u.a.) in Südtirol seine Volksdeutschen zurück ins Reich geholt und hätte seinen Machtbereich in diesem Fall nicht ausgedehnt. Das österreichische Südtirol gehörte zum Machtbereich des faschistischen Duce Benito Musolini und wurde nach dem Zusammenschluß Österreichs und Deutschlands im März 1938 zugunsten der militärsichen Achse aufgegeben. Die Südtiroler fühlten sich seinerzeit vom Führer des Großdeutschen Reiches verraten, durften aber 1939 unbürokratisch „Heim ins Reich“ wenn sie es denn wollten.

Schlussendlich sei man auch deshalb kein Imperialist, weil der Imperialismus kein völkisches Programm beinhalte, sprich: wenn es sich lohnen würde, da deutscher Ursprung in einem Land vorzufinden sei, dieses sich anzueignen, dann würde man nach dem Gebiet trachten.

Unterschlagen wird, dass bereits 1938 nicht nur Österreich, sondern auch Teile der Tschechoslowakei vereinnahmt wurde.

„Das Schwarze Korps" 31. Oktober 1940

Das Recht im autoritären Staat

SK 31.Oktober 1940 – *Rechtsprechung und Justiz im autoritären Staat.*

Das SK vom 31. Oktober 1940 berichtet über den Besuch von Reichsführer-SS Heinrich Himmler beim spanischen Diktator Franco und philosophiert auf seine Art über das Recht im autoritären Staat.

„Waffen-SS – Soldaten der Revolution".

Anders als im „Liberalismus", so das SK, wo der Richter vom Gesetzgeber unabhängig war, müsse das „Recht (...) im autoritären Staate ebenso an die höchste Autorität gebunden sein wie jede andere Lebensäußerung der Nation und des staatlichen Organismus." Oberster Richter sei somit der Führer. Sollte ein Richter die Weite seiner Entscheidung in politischer Hinsicht nicht erkennen, wird ihm nicht zugemutet diese Entscheidungen zu treffen, wenn er bspw. auch die politische Tragfähigkeit verneint. „Dafür leben wir ja in einem autoritären Staat, daß in solchen Fällen der Stärkere und Verantwortlichere für den Schwächeren und Minderverantwortlichen einspringt. Die „Unabhängigkeit des Richters“ kann es nur in der „latenten Rechtsunsicherheit eines liberalistischen Staates“ geben. Im nationalsozialistischen Staat jedoch, so das SK, ist eine „gegenüber dem Staate, gegenüber dem Gesetzgeber betonte Unabhängigkeit (…) ein Widersinn. Denn wir alle sind ja ‚der Staat‘ (…).“ D.h., dass der Richter mit seiner richterlichen Entscheidung nicht dem Gesetz, sondern der (wie auch immer auszulegenden) politischen Notwendigkeit verpflichtet ist. Eine Entscheidung, die an allerhöchster Stelle, vom Führer Adolf Hitler selbst, immer noch umgehend gestürzt werden kann.

Das SK betont zum Abschuss, dass es davon ausginge, dass sie hier nur eine Selbstverständlichkeit ausgesprochen haben. Juristische Rechtsbeugung als Selbstverständlichkeit.

Sollen Frauen berufstätig sein?

„Sollen Frauen berufstätig sein?“ – SK vom 29. Mai 1941.

„Sollen Frauen berufstätig sein?“ fragt das SK vom 29. Mai 1941. Hierbei wird analysiert, dass die Berufstätigkeit von Frauen nicht etwa mit dem Krieg zugenommen hat, sondern angeblich auch schon davor stetig zunahm. „Sofort bei seiner Machtergreifung“, so das SK, habe der Nationalsozialismus eine soziale Reform in puncto der Frauenarbeit in die Wege geleitet, so wurden bspw. Betriebskindergärten geschaffen oder Einrichtungen der „Nationalsozialistischen Volkswohlfahrt“ (NSV) ausgebaut, Mutterschutzbestimmungen vor und unmittelbar nach der Geburt mit staatlicher Wochenhilfe wurden ausgebaut, das Frauenamt der „Deutschen Arbeitsfront“ (DAF) habe sich Fachkräfte die sich „Soziale Betriebsarbeiterin“ nennen, herangebildet. Die Frau sei nicht nur Lebensgefährtin, sondern im alltäglichen vor allem „Arbeitsgenossin des Mannes“. Der durch Kindererziehung und Haushaltstätigkeiten plus Berufstätigkeit doppelt belastete „neue deutsche Frauentyp“ rücke im Krieg immer weiter in den Vordergrund; das Arbeiten müsse bejaht werden, sofern das Familienleben nicht darunter leide.

Einzelpreis 15 Rpf.

Berlin, 26. Juni 1941

Das Schwarze Korps

ZEITUNG DER SCHUTZSTAFFELN DER NSDAP

Organ der Reichsführung ss

Was ist Plutokratie?

Jetzt wird's — Recht!

Der Krieg, so das SK vom 26. Juni 1941, sei in der „Betrachtung des Krieges" die „männlichste aller Proben" ...

Für die Waffen-SS

Betrachtung des Krieges

...wohingegen „holländische Arbeiterführer", propagandistisch entstellt, im KZ einer „nutzbringenden Arbeit" zugeführt werden.

Nutzbringend verwandt

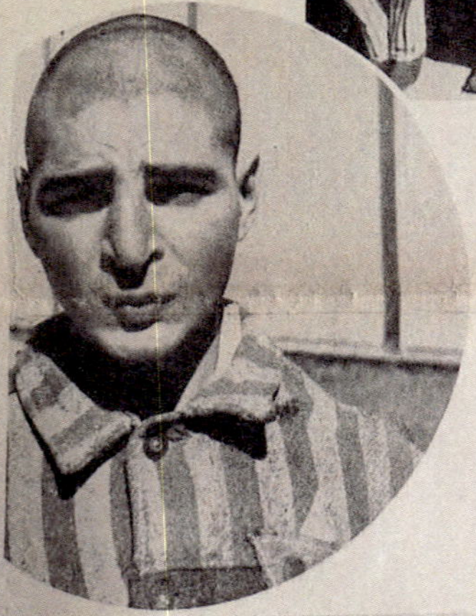

Die Bilder dieser Seite sind weder das Ergebnis einer jahrelangen intensiven Sammlung, noch Aufnahmen aus einem Wachs- und Abnormitäten-kabinett, es sind auch nicht Bilder, aufbewahrt von der nun schon Jahre zurückliegenden Flurbereinigung des deutschen Volkes von jüdischen Verbrechern. Die Bilder zeigen ausschließlich ehemalige holländische „Arbeiterführer", die auf Grund erheblicher Verbrechen nun, und diesmal unfreiwillig in puncto Arbeit, tatsächlich nutzbringend verwertet werden. Sie mögen sich vor nicht zu langer Zeit ihr „Zukunftsgeschäft" gewiß anders gedacht haben.

Aufnahmen: SS-PK-Exter

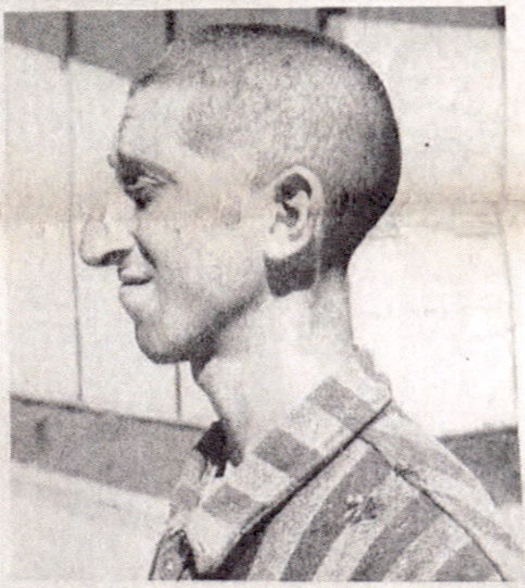

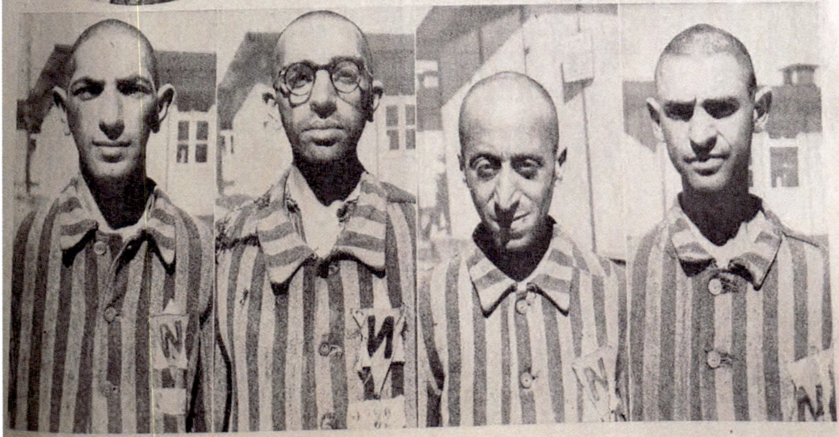

Einzelpreis 15 Rpf.

Berlin, 17. Juli 1941

Das Schwarze Korps

ZEITUNG DER SCHUTZSTAFFELN DER NSDAP

Organ der Reichsführung SS

In einem Abwaschen

SK vom 17. Juli 1941 – Blick hinter die Kulissen des „Sowjetparadieses“.

Der Blick hinter den Vorhang des angeblichen Paradieses: im SK vom 17. Juli 1941 wird sinnbildlich der Vorhang gehoben und hinter ihm auf das angebliche „Sowjet-Paradies“ geschaut, wobei auch auf die diktatorische Unterdrückung und Massenhinrichtung von Stalins KGB und Einheiten hingewiesen wird. Lemberg, auf dem Zettel der Karikatur stehend und bis zur russischen Besatzung zu Polen gehörend, hatte unter dem NKWD zu leiden: mehrere Tausend Menschen wurden im Juni 1941 durch Genickschuss hingerichtet.

Was die SS-Zeitung verschweigt ist, dass als die Wehrmacht Lemberg im Juli 1941 einnahm, die stark verwesten Leichen ausgegraben wurden und die jüdische Bevölkerung diese in dem Zustand waschen musste. Unmittelbar nach dieser grausigen Aktionen kam es in Lemberg zu einem Pogrom, bei dem sich besonders ukrainische Freiwillige hervortaten. Mindestens 3000 Juden kamen innerhalb von zwei Tagen ums Leben.

SK 31. Juli 1941 – (Selbst-) Hinrichtung Stalins?

Heißer Hochsommer 1941 im SK: am 31. Juli berichtet die Zeitung, dass Stalins Sohn Jakow bereits Mitte Juli (also wenige Wochen nach dem Beginn des Russlandfeldzuges) in deutsche Gefangenschaft geraten war und der sowjetische Diktator in seiner Kriegspropaganda im Juni 1941 angeordnet hatte, dass Angehörige sich ergebender Soldaten erschossen werden sollen. Nun stand er in dem Dilemma sich selbst den Befehl zur eigenen Hinrichtung geben zu müssen, denn sein Sohn hatte sich kampflos ergeben. Das SK karikierte das mit dem Untertitel „Ich kann mich doch unmöglich selbst erschießen, die armen Sowjets wüssten doch nichts mit ihrer Freiheit anzufangen." Jakow starb im Frühjahr 1943 im KZ Sachsenhausen, seine Frau Julia wurde auf Anordnung Stalins inhaftiert, deren beider Tochter – sprich: Stalins eigene Enkeltochter – auf des Diktators Anweisung in ein staatliches Erziehungsheim gesteckt.

Das Dilemma des einfachen russischen Soldaten wurde vom Zeichner Waldl dargestellt.

Einzelpreis 15 Rpf.

Berlin, 21. August 1941
34. Folge 7. Jahrgang

Das Schwarze Korps

ZEITUNG DER SCHUTZSTAFFELN DER NSDAP
Organ der Reichsführung SS

Sieg über öde Gleichmacherei

Da stimmt was nicht!
DER ERZBISCHOF VON CANTERBURY

21. August 1941 – „der Bolschewist: primitiv, bestialisch und ungebildet".

„Dem deutschen Soldaten", so das SK vom 21. August 1941, „tritt der Bolschewismus nicht nur in der Fratze des Mörders und Brandstifters gegenüber, mögen diese seine Erscheinungsformen auch die auffälligsten sein. Durch Bestialität und Sklaverei, Unkultur und Dreck werden schließlich doch die Spuren dessen sichtbar, was der Bolschewismus sein soziales Aufbauwerk nannte." Entsprechend gerechtfertigt ist dann auch nach dieser Logik der

Kampf des vermeintlich besseren Soldaten mit der angeblich besseren Weltanschauung.

„Der Bolschewismus betrieb neben der im Primitiven echten, im Komplizierten potemkinschen Kollektivierung eine zweite, unsichtbare und in keinem Manifest verheißene „Entwicklungsarbeit“: die Heranzüchtung und Dressur eben jener neuen „Führungsschicht“ aus dem großen Reservoir des (…) Untermenschentums, das in den jüdischen Gettos ebenso heranwächst wie im Schoße europäid-asiatischer Bastardsippen.“ Sprich: „ein geistiges Eunuchentum, das die Herrschaft des auserwählten Volkes über die Sklavenmassen verewigen musste“ war Ziel des Bolschewismus, den es alleine deshalb, neben den an anderer Stelle bereits erwähnten oder noch zu erwähnenden Argumenten, zu bekämpfen galt. Und da (Zitat) „der Abschaum“ dort regiert, werde der Sieg des Nationalsozialismus ein Sieg über die „Ungleichheit der Gleichmacherei“ sein, „ein Sieg des Prinzips, das dem Fähigeren und Wertvolleren das Recht gibt (…) Vorbild und Führer zu sein.“

Am 11. September 1941 wird mitgeteilt, dass Paul Hausser (vgl. u.a. das Kapitel zur „HIAG“) das Ritterkreuz ausgehändigt bekam. Gleichzeitig wird der Fronteinsatz in einem Kurzartikel als wichtiger Schritt zur „Mannwerdung“ und wie eine Art Ausflug beschrieben („so gut gelaunt und gut rasiert“).

Seite 8 / Folge 37 „Das Schwarze Korps“ 11. September 1941

so sehen sie aus, die Sowjet-Märtyrer

МАТЯС РАКОШИ

АНТОНИО ГРАМШИ

КАРЛ МЮННИХРЕЙТЕР

УМБЕРТО ТЕРРАЧИНИ

ТОМ МУНИ

Als Karikatur werden „Sowjet-Märtyrer“ dargestellt, denen direkt rassische „Verbrechervisagen“ angedichtet werden und die als Mörder gegen unliebsame kommunistische Parteigenossen gebrandmarkt sind. Oft genug, so das SK, werden diese „Märtyrer“ jedoch von deutschen Soldaten in den besetzten Gebieten erkannt und gestellt.

Das Schwarze Korps

ZEITUNG DER SCHUTZSTAFFELN DER NSDAP

Wer ist der Dumme?

Das boxende Känguruh . . .

„Wer ist der Dumme?“ – Ordnung an der Ostfront: im SK vom 3. April 1942 stellt sich die SS heroisch dar und beschreibt sich selber, wie sie zusammen mit der Wehrmacht die Ostfront in einem Kessel einnahm und dass die deutschen Truppen erst einmal für „Ordnung“ in den von ihr besetzten Gebieten sorgten. Welche Ordnung die Einsatztruppen schufen, ist hinlänglich bekannt.

Das Ritterkreuz für SS-Standartenführer Hermann Fegelein

Aufn.: SS-PK.-Kriegsberichter Hoppe

Ritterkreuz für SS-Standartenführer Fegelein.

Hermann Fegelein erhielt von Adolf Hitler im Frühjahr 1942 das Ritterkreuz verliehen. Fegelein war Generalleutnant und Brigadeführer der Waffen-SS, heiratete im Juni 1944 die Schwester von Hitlers späterer Ehefrau Eva Braun. Er war enger Verbündeter von RF-SS Heinrich Himmler. Als der „Reichsheini“ (spöttische und volkstümliche Bezeichnung für Heinrich Himmler) Ende April 1945 bei Hitler in Ungnade fiel – er wollte eigenmächtig Frieden mit den Westalliierten schliessen – verließ Fegelein am 27. April verbotenerweise und betrunken seine Einheit und wurde am 29. April als Fahnenflüchtiger aufgegriffen. Hitler ließ seinen eigenen Schwager, den werdenden Vater, zugleich einen Opportunisten und Karrieristen, deswegen standrechtlich erschießen. Wenige Tage später kam Fegeleins Tochter Eva zur Welt. Sie starb 1971 mit knapp 26 Jahren durch Suizid nachdem ihr Freund bei einem Verkehrsunfall starb.

Das Schwarze Korps
ZEITUNG DER SCHUTZSTAFFELN DER NSDAP
Deshalb sind wir stärker
Sewastopol gefallen . . .

9. Juli 1942 – „im Kampf gegen den Glaubenskrieg Minderwertiger“ – „Deshalb sind wir stärker“.

Warum der SS-Kämpfer stärker sei als alle anderen?, so das SK vom 9. Juli 1942. Weil er gegen den Bolschewismus bis zum letzten Ende kämpfe und das ohne Kompromisse. „Bis zur Vernichtung“ werde gekämpft, denn es ginge nicht darum, „daß der Bolschewismus im großen geschichtlichen Spiel eine Partie verliert“, man kämpfe auch nicht gegen den russichen Staat, sondern besonders „gegen ein Prinzip, dass den Anspruch erhebt, die

Herrschaft des russisch Minderwertigen schlechtin über den Erdball auszudehnen." Und da der Russe von seinen Lebensansprüchen her „armseliger" sei als ein „Primitiver", keinerlei „Freude an den Fähigkeiten der Hand und des Hirnes erkennen lässt" und zudem eher über eine „infernalische Besessenheit des blindwütigen Sektieres" verfüge, der die Ausrottung des intelligenten Lebens ansteuere und alle Werte und Massstäbe vernichtet habe, müsse er entsprechend restlos vernichtet werden. Der von ihm „vergötterte" bolschewistische Staat, dem er selber als „versklavte Kreatur" angehört, entfachte einen „Glaubenskrieg der Minderwertigen" dem sich nun gefestigte Männer des westlichen Europas entgegenstellen.

Das Schwarze Korps

ZEITUNG DER SCHUTZSTAFFELN DER NSDAP

Offene Aussprache

Timoschenkos Offensive

25. Juni 1942 – „Hamsterer sind Kriegsverbrecher".

Mit dem „Volksgericht" und der Bestrafung von „Volkgenossen" im Kriege bei der Unterschlagung von kriegswichtigen Materialen, befasst sich das SK vom 25. Juni 1942. „Hamsterer und Kriegsverbrecher", die sich am „Volkseigentum" vergehen, wurden laut Auffassung des SK vom Leipziger Gericht in einem Fall zu milde bestraft, wohingegen das Graudenzer Sondergericht in den Augen des SS-Redakteurs richtig gehandelt habe, in dem es ein erheblich schärferes Urteil in einem ähnlich gelagerten Fall sprach. Wurde in Leipzig bei der „Beiseitschaffung" vor dem September 1939 nicht von einem Verbrechen gesprochen und ein Freispruch geurteilt, wurde von Graudenz argumentiert, dass eine fünfmonatige Haftstrafe plus dem Einzug der Ware gerechtfertigt sei. Der SS-Redakteur schreibt hierzu (!): „Das

Gericht hat damit ein Verbrechen als Verbrechen erkant und gestraft. Es hat nicht danach gefragt, ob dieses Verbrechen ein Verbrechen nach Paragraph soundsoviel gewesen sei. Der Paragraph spielt (…) eine untergeordnete Rolle, weil es ganz im Belieben des (…) Richters liegt, den Willen des Gesetzgebers auch dann zu erforschen, wenn er aus dem Buchstaben des Gesetzes nicht klar ersichtlich ist." Deutlicher kann man sich nicht den Rechtsstaatsprinzipien entgegenstellen.

Das Schwarze Korps

ZEITUNG DER SCHUTZSTAFFELN DER NSDAP

Kein Vergleich möglich

Im Reiche der Indra

INDIEN

Vor 25 Jahren

3. September 1942 – „indische Freiheit" mithilfe der SS?

Anfang September 1942 vergleicht das SK die Lage im Weltkrieg mit der Lage 25 Jahre zuvor, 1917, und stellte für sich fest, dass der Zusammenhalt und gemeinsame Wille größer sei als im 1. Weltkrieg und dass deshalb der End-Sieg erreichbar sei. Denn man sei „immun" gegen eine „Hand von Meuterern", wie sie es laut SK 1917/1918 gab.

Der Freiheitswille der Inder gegen die britische Kolonialmacht wird ebenfalls am 3. September thematisiert. Ab 1944 wurde eine indische Kriegsgefangenen-Legion der Waffen-SS unterstellt. Den Indern hatte man die Unabhängigkeit des vom Großbritannien kolonialistisch besetzten Staates versprochen, wenn sie mit Deutschland gegen das britische Empire kämpften (Seidler, S. 345 ff.). So viel zur sich selbst auferlegten „Rassenreinheit" der SS in den letzten Monaten des Regimes.

Ebenso philosophierte das SK über den tiefgehenden Sinn der Ehe, nachdem ein Brief abgelichtet wurde, in dem steht, dass zwei Monate nach dem Heldentod eines 25-jährigen Vaters der stolze Stammhalter geboren wurde. „Der Sinn der Ehe erfüllt sich erst in den Kindern“ und „Die besten Kinder zeugt der beste Vater“ und die besten Väter sind gerade alle im Kampf an der Front vereint.

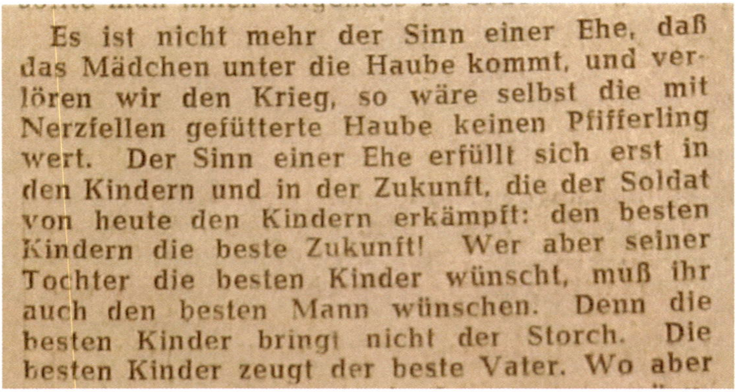

Es ist nicht mehr der Sinn einer Ehe, daß das Mädchen unter die Haube kommt, und verlören wir den Krieg, so wäre selbst die mit Nerzfellen gefütterte Haube keinen Pfifferling wert. Der Sinn einer Ehe erfüllt sich erst in den Kindern und in der Zukunft, die der Soldat von heute den Kindern erkämpft: den besten Kindern die beste Zukunft! Wer aber seiner Tochter die besten Kinder wünscht, muß ihr auch den besten Mann wünschen. Denn die besten Kinder bringt nicht der Storch. Die besten Kinder zeugt der beste Vater. Wo aber

„Die besten Kinder zeugt der beste Vater“ und die „überwiegende Mehrzahl der wertvollsten biologischen Kräfte der Nation (sind) heute an der Front versammelt (...)“. Der Sinn der Ehe erfüllt sich erst in den Kindern und nicht darin, dass ein „Mädchen unter die Haube kommt“.

Das Schwarze Korps

ZEITUNG DER SCHUTZSTAFFELN DER NSDAP

Das fürchten sie!

8. Oktober 1942 – der bessere (sprich: nationalsozialistische) Mensch wird von der Welt gefürchtet.

Noch vor der Wende im Barbarossa-Feldzug stellte das SK im Oktober 1942 klar, dass der Krieg ein absoluter, vor allem weltanschaulicher Krieg sei. Der Bolschewismus und die Demokratie müssen alleine deshalb ausgerottet werden, weil sie sich der guten Ideologie des Nationalsozialismus in der Zeit bis 1933 entgegensetzten und sich der demokratisch gesinnte Spießer an den Justiz- und Racheprozessen gegen die SA, Freikorpskämpfer und „die besten der Deutschen, Nationalsozialisten" ergötzte. „Nationalsozialismus ist für immer und ewig der deutsche Mensch in seiner höchsten Bewährung, der Anspruch der besten Rasse, die sich in der Tat (...) offenbart." Besonders betont sei aus Sicht des SK hier die „Herausstellung des menschlich-charakterlich-rassischen Werts" des Deutschen. Und weil sich der bessere Mensch, der nationalsozialistische deutsche Mensch, sein Recht erkämpft die berechtigte Vorherrschaft über die Menschheit zu erhalten, wird er von allen anderen Völkern gefürchtet, da diese erkennen müssen, dass sie minderwertig sind und der Deutsche schlicht und ergreifend das Recht auf eine (Welt-) Vorherrschaft aus o.g. rassischen und menschlich-charakterlichen Gründen haben muss.

Das Schwarze Korps

ZEITUNG DER SCHUTZSTAFFELN DER NSDAP

Die persönliche Freiheit

Die Sache mit dem „Flaschenhals" ...

SK 15. Oktober 1942 – der Stellenwert persönlicher Freiheit.

In der Ausgabe vom 15. Oktober 1942 wird über die Einschränkung persönlicher Freiheiten zugunsten eines höheren Zieles philosophiert. Wenn erst das große Ziel erreicht sei (hier: der Endsieg) würde man die wahre Freiheit genießen und merken, welche „kümmerlichen Eintagsfliegen" die bisher lieb gewonnenen Freiheiten wären.

Das Schwarze Korps

ZEITUNG DER SCHUTZSTAFFELN DER NSDAP

Nehmt uns in eure Reihen auf!

STALINGRAD

Nie niemals wird die Sage
der wilden Ruhmestage
in unserm Volk vergehn.
Wie ihr so heiß gestritten,
wie ihr so tief gelitten,
das muß unsterblich bleiben stehn.

Um eure Todesstunden
hat Gott den Kranz
mit seiner eigenen Hand.
Ihr jetzigen Überwinder,
euch danken
auf immer Herd und

WERNER JANSEN

11. Februar 1943 – Stalingrad und das Heldengedicht eines Wülfrather Arztes (Zeitung entnommen aus archive.org).

Das „Schwarze Korps“ vom 11.Februar 1943 (aus Heiber/v. Kotze): Nach der Kapitulation der Wehrmacht in Stalingrad wird die bedingungslose Opferbereitschaft gepriesen und heroisch stilisiert. Ein jeder habe sich so zu verhalten wie die Soldaten in Stalingrad, jeder müsse darum bitten in die Reihen dieser tapferen Kämpfer aufgenommen werden zu dürfen. Der aus dem niederbergischen Wülfrath stammende Arzt und Dichter Werner Jansen heroisiert das unermessliche Leiden der 90.000 in Gefangenschaft gehenden Männer („Um eure Todesstunden hat Gott den Kranz gewunden…“), von denen die letzen der insgesamt 5000 überlebenden Soldaten erst Ende 1955 wieder in die Heimat zurückkommen.

Seite 4 / Folge 2 „Das Schwarze Korps“

Werner Jansen

Artikelüberschrift zum Tode des Duzfreundes von RF-SS Heinrich Himmler, Werner Jansen (gest. 28. Dezember 1943) im SK vom 13. Januar 1944 (entnommen aus archive.org). Der Medizinprofessor ohne Habilitation aus dem niederbergischen Wülfrath, sollte nach dem Krieg eine persönliche Erfolgsgeschichte Himmlers in Form eines patriotischen Romanes schreiben.

Das Schwarze Korps

ZEITUNG DER SCHUTZSTAFFELN DER NSDAP

Totaler Krieg und Weltanschauung

25. Februar 1943 – totaler Krieg und die (bessere) Weltanschauung (Steigerung der Schlagzeile vom 18. Februar 1943 – „fanatischer Wille und totaler Krieg“).

Besonderer Schwerpunkt der Ausgabe vom 25. Februar 1943, sprich drei Wochen nach der Kapitulation in Stalingrad und nach Goebbels fanatischer Sportpalastrede („Wollt ich den totalen Krieg?“), betont das SK auf seine Art die Notwendigkeit eines Kampfes gegen „den Bolschewismus“ und die „russischen Horden“. Der „Menschenfleischverzehrende“ Rote-Armee-Soldat; „die Bestien in Menschengestalt haben sich auf einen ihrer Gefallenen gestürzt und ihn zerfleischt.“ Sugeriert werden soll, dass „der Russe“ ein primitiver und gemeingefährlicher Kanibale ist. Das der Kanibalismus, ähnlich wie beim stalinistischen „Holodomor“ in der Ukraine wenige Jahre zuvor, eine Folge des Aushungerns der Menschen gewesen sein könnte, kommt der SS-Propaganda selbstredend nicht in den Sinn, respektive wird gezielt nicht erwähnt.

Das SK zeigt (hier nicht abgelichtete) Privataufnahmen eines estischen SS-Freiwilligen die belegen sollen, dass bolschewistische „Bestien in Menschengestalt“ sich „die grauenvollste Mahlzeit“ zubereiten würden, nämlich „Menschenfleisch“ – gezeigt werden Fotos von ausgekochten Beinen und Unterschenkeln.

Umso mehr schlachtet das SK den Leserbrief eines deutschen Kommunisten von Mitte 1942 aus. Dieser erzählte, wie er mit der geballten Faust bis 1933 der KPD, Ernst Thälmann sowie Hammer und Sichel folgte und nun als Soldat durch das angebliche „Vorzeigeland des Sozialismus“ zieht. Der Unteroffizier

C. schäme sich dem Symbol des Sozialismus/Kommunismus hinterhergelaufen zu sein und wisse nun wofür er an der Front stehe. Dass die eigentliche Theorie des Kommunismus und des Sozialismus in seinen verschiedenen Facetten mit dem Stalinismus nicht allzuviel gemeinsam hat und dass das Land zum Zeitpunkt der Erstellung des Briefes auch schon über Jahre unter Stalins Diktatur litt und 1942 bereits ein Jahr von der deutschen Wehrmacht, der SS und den Verbündeten besetzt und unterdrückt worden und somit der Zerstörung preisgegeben war, wird selbstredend nicht erwähnt.

Das Schwarze Korps

ZEITUNG DER SCHUTZSTAFFELN DER NSDAP

Wir haben die besseren Nerven

25. März 1943 – nervenstarke SS bei Charkow und ein wiehernder Amtsschimmel in Köln.

SK vom 25. März 1943: die erfolgreichen Kämpfe bei Charkow werden in heroischer Darstellung gefeiert. Man habe „die besseren Nerven“ … und in Köln-Niehl wiehert der Amtsschimmel. Was war geschehen? Nachdem das Haus eines sich in Rente befindenden 62-jährigen Dachdeckers von britischen „Mordbrennern“ getroffen wurde, packte er am nächsten Tag, rüstig wie er war, sein Werkzeug aus und baute das Dach in 18 Stunden gemeinsam mit seiner Familie, Nachbarn und Freunden wieder auf. „Indessen saß aber schon einer im Büro der ‚Baugewerksinnung für den Stadtkreis Köln‘ und brütete Finsteres. Und es dauerte nicht lange, da hatte er unter großem juristischem Gegacker sein Ei gelegt“ und dem Dachdecker in der Graditzer Straße in Köln-Niehl eine Mahnung zukommen lassen, dass er solche Arbeiten nicht ausführen dürfe und man zukünftig wegen Schwarzarbeit gegen ihn ermitteln werde. Diese „Kriegserklärung an den gesunden Menschenverstand“ sei „Idiotie in Reinkultur“. Zur Klärung des Sachverhaltes des Amtschmimmels müsse man nicht einem Staatsanwalt oder Irrenarzt das Wort erteilen, sondern diese bürokratischen „hirnlosen Windhunde“ müssen zukünftig anderweitig eingefangen werden. Ob ein Besuch der regionalen SS in den Kölner Amtststuben erfolgte und Wunder bewirkte?

Links: Sepp Dietrich, neben Paul Hausser der höchste Offizier der Waffen-SS, erhielt das Ritterkreuz und war später Generaloberst der Waffen-SS. Seine militärische Beteiligung an den Siegen bei Charkow brachten ihn zu dieser Auszeichnung. Am 8. Mai 1945 kapitulierte Dietrich mit seiner Einheit. Er wurde wegen mehrerer Kriegsverbrechen in der Sowjetunion in Abwesenheit zum Tode und im „Malmedy-Prozess“ in Dachau zu lebenslanger Haft verurteilt, später zu 25 Jahren begnadigt und Ende der 1950er Jahr entlassen. Das sehr aktive HIAG-Mitglied starb 1966.

Rechts: als erster ausländischer SS-Freiwilliger wurde der 19-jährige Holländer Gerardus Mooyman für seine soldatischen Leistungen in Charkow mit dem Ritterkreuz ausgezeichnet. Er vernichtete anstelle des gefallenen Geschützführers, 13 russische Panzer. Sein Vater war frühes Mitglied der niederländischen NS-Bewegung. Er selber war anfangs begeistert, bedauerte aber nach dem Krieg und mit dem Wissen über die zahlreichen Kriegsverbrechen seine politische Entscheidung. Als Kollaborateur wurde er einige Jahre inhaftiert. Der Unternehmer und Familienvater wurde vorzeitig entlassen und starb 1987 bei einem Autounfall.

Das Schwarze Korps

ZEITUNG DER SCHUTZSTAFFELN DER NSDAP

Was dürfen wir denn?

1. April 1943 – Abstinenz und gesunde Lebensweise für den Endsieg.

Über den Spießer, den „Nichtstuer" und den „dicke(n) Brummige(n)", der seine freie Zeit während des Kriegs sinnlos in Bars – inmitten von Tabakqualm und Bierdunst – verbringt, echauffiert sich das SK in der Ausgabe vom 1. April 1943. Dieser stünde montags anders an der Maschine (die kriegswichtige Dinge produziert), als derjenige der am Sonntag Luft und Sonne tanke. Von daher habe jeder die Pflicht, mit seiner Freizeit „pfleglich" umzugehen.

„Kinder sind kriegswichtig", so das SK und beschreibt den Zwiespalt junger Frauen sich für ein Kind oder für die Produktionsarbeit zu entscheiden; werden sie schwanger, dürfen sie laut Verordnung der meisten Betriebe nicht mehr arbeiten. Oftmals wird auch eine Schwangerschaft herbeigeführt um der Arbeit zu entgehen. Das SK ergreift hier keine Partei, rät aber dazu auf „freiwilliger Basis" beides miteinander zu verknüpfen.

Anders verhält es sich bei dem Fallbeispiel von zwei Kindern, deren Abstammung der Sippenälteste, hier: der Vater eines gefallenen Soldaten, bei der

Staatsanwaltschaft überprüfen lassen wollte. Das zweite Kind kam 13 Monate nachdem der Soldat das letzte Mal auf Fronturlaub zuhause war zur Welt. Somit war ausgeschlossen, dass er der Vater war. Schon beim ersten Kind hatten die Sippe und der Gefallene zu Lebzeiten bereits Zweifel an der Vaterschaft. Da es aber keine Verdachtsmomente gegen einen konkreten anderen Mann gab und nur ein erbbiologisches Gutachten Aufschluss in der Angelegenheit gegeben hätte, ergab sich nach bisheriger Rechtsprechung, dass weder „die Sippe noch der Staat (…) imstande“ waren, „das Recht und die Ehre des Gefallenen (…) zu wahren.“ Jedoch kam im März 1943 die „5. Durchführungsverordnung zum Ehegesetz“, im Volksmund „Totenscheidung“ genannt, zum Tragen. Grundlage der Schaffung dieses Gesetzes war, dass untreue Frauen von an der Front kämpfenden Soldaten nach deren Tod sich nicht als Kriegerwitwe aufspielen durften und diese bei der schuldhaften Scheidung somit auch erbrechtliche und Hinterbliebenenansprüche verloren. Somit hatte die o.g. untreue Frau das Nachsehen. „In dem eingangs dargestellten Fall kann also der Staatsanwalt aufgrund der Tatsache, daß die Ehefrau nachweislich Ehebruch betrieben hat, ‚die Feststellung des Rechts auf Ehescheidung‘ beantragen und die Ehebrecherin gilt nach Abschluss des Verfahrens, also seit dem 12. Februar 1942 (Anm.: einen Tag vor dem Tod des gehörnten Ehemannes) als geschiedene Frau.“

Das Schwarze Korps

ZEITUNG DER SCHUTZSTAFFELN DER NSDAP

Darauf fallen wir nicht rein!

26. August 1943 – der spätere HIAG-Aktivist Hausser beim Handschlag mit Hitler.

Hitler empfängt SS-Obergruppenführer und General der Waffen-SS Paul Hausser um ihm das Eichenlaub zum Ritterkreuz zu überreichen, so berichtet das SK vom 26. August 1943. Ebenso setzt sich die SS-Zeitung mal wieder mit der Propaganda der Alliierten, hier besonders der Briten und Amerikaner, auseinander. Der Artikel „Darauf fallen wir nicht rein!“ soll Ängste schüren und das SK stellt die Frage, wie die Propaganda dieser Staaten von Frieden mit den anderen verbündeten Alliierten sprechen könne, wenngleich die Russen keinen Frieden schaffen wollen. Die „nackte Tatsache“ sei es, dass man zur „Bezwingung des Bolschewismus“ keine „süße Milch in den Herzen“ bräuchte, sondern sich vor Augen halten müsse, dass der Russe, einmal an der Grenze des deutschen Reiches stehend, schnell seinen Traum von der Weltrevolution umgesetzt sehen will. „Es gibt keine außerdeutsche Macht die sie dann noch aufhalten könnte. Die rote Flut würde nicht nur Deutschland überschwemmen. Sie würde den Rhein und die Pyrenäen überschreiten. (…)“.

Herausragende Leistung Haussers detailliert aufgeführt.

In epischer Breite wird erneut die soldatisch herausragende Leistung des Generals der Waffen-SS Paul Hausser beschrieben, welche die Grundlage der Auszeichnung durch Hitler war. Auf eine ausführliche Darstellung wird an dieser Stelle verzichtet, die verwendeten Adjektive zeugen von einer absoluten Hochachtung und höchstem, teilweise unterwürfigem, Respekt des SK-Redaktionsteams gegenüber dem SS-Obergruppenführer. Schlussendlich genoss Hausser in seinen Kameradenkreisen höchstes Ansehen und selbst bei alliierten Gegnern wurden seine militärischen Erfolge objektiv betrachtet und punktuell wertgeschätzt. Das SK weiter: „Das Eichenlaub zum Ritterkreuz, dass der Obergruppenführer trägt, beinhaltet eher als eine soldatische Leistung hohen Grades – es erscheint uns als Insignie eines Willens, den Charakter der Revolution als einen Ausdruck soldatischen Wesens zu offenbaren.“ Diesem Willen und Ausdruck galt es zu folgen.

Das Schwarze Korps

ZEITUNG DER SCHUTZSTAFFELN DER NSDAP

Organ der Reichsführung SS

Sieger oder Gewinner

SK vom Tag des Stauffenberg-Attentates auf Hitler (20. Juli 1944) – freizügige „Blitzmädels“ und ungewollte Schwangerschaften.

Das SK philosophiert in der aktuellen Ausgabe darüber, dass es einen Unterschied zwischen dem Gewinn in einem Krieg und dem Sieg geben könne, wobei selbstredend im SS-Sinne der Sieg auf Seiten des deutschen Volkes und nicht auf Seiten der wurzellosen und verheizten Alliierten stehen kann, die nicht wissen um was sie im Krieg kämpfen.

Dort wo anglo-amerikanische Bomber (hier französische) Dörfer angreifen, morden sie Kinder, Alte und Kranke durch den Bombenterror; „die gemordete Stadt“, szenisch durch zerstörte Kirchen (mit denen der SS-Staat eigentlich ideologisch nichts zu tun hat) bildlich dargestellt. Das SK verschweigt selbstredend, dass auch deutsche Bomber Städte in Schutt und Asche legten und das Morden auch auf deutscher Seite stattfand – und von deutscher Seite ausging. Aber zerstörte Kirchen sprechen die Herzen an.

Moralisch werden vom SK im fortfolgenden die „Blitzmädels“, Flak- und Nachrichtenhelferinnen der Wehrmacht in Schutz genommen, denn reichsweit geisterte das Gerücht – so auch in verschiedenen Gesprächen mit Vertretern der Jahrgänge 1920-1928 erlebt – dass diese jungen Frauen – oft erstmals von zuhause weg und ohne „Aufsicht“ – sich gerne freizügig auslebten und austobten. So beklagt eine junge Frau gegenüber dem SK, dass gerade verheiratete Männer, im soldatischen Umgangston schnell per „Du“ mit diesen, den Ehering offensichtlich abgestreift hatten und die jungen Frauen mit Traumschlössern wie Hochzeit, Kindern und einer gemeinsamen Zukunft umgarnten. Und falls dann „etwas“ (sprich: eine ungewollte Schwangerschaft) eingetreten ist, dann wird die moralische Schuld allzu schnell auf die jungen „wurzellosen“ Frauen geschoben. Bei allen Fehlschritten die sicherlich passieren könnten, wobei das SK betont Partei für die jungen Frauen ergriff, solle ein jeder berücksichtigen, was die „Blitzmädel“ im Blutspende-Dienst, in der Lazarettarbeit, der Betreuung von Verletzten oder der Näh- und Bastelarbeit für Bombengeschädigte leisten. Sie appellieren auf Gutmütigkeit: „Also seien sie mild. Es sind Menschen aus Fleisch und Blut (…).“

Einzelpreis 15 Rpf.

Berlin, 27. Juli 1944

Das Schwarze Korps

ZEITUNG DER SCHUTZSTAFFELN DER NSDAP

Organ der Reichsführung SS

Das Gottesurteil

Weltkrieges, hat wie kein zweiter seinem Volk gegenüber das Wort des Dichters wahrgemacht: Deutschland, vergiß nie, daß in der Stunde der Gefahr dein ärm-

SK vom 27. Juli 1944 – „Das Gottesurteil“: dass Hitler bei dem Attentat am 20. Juli 1944 nicht ums Leben kam wird als Hinweis einer höheren Instanz verstanden (entnommen aus archive.org).

Das Schwarze Korps

ZEITUNG DER SCHUTZSTAFFELN DER NSDAP

Besser denn je!

10. August 1944 – das Attentat auf Hitler soll vergessen gemacht werden.

Am 10. August berichtet das SK von erfolgreichen Gegenoffensiven im Osten des Reiches gegenüber der eingedrungenen russischen Armee und fragt hämisch, wie lange diese ersten Siege der Roten Armee wohl anhalten werden.

RF-SS Heinrich Himmler, am Tag nach dem gescheiterten Attentat auf Adolf Hitler am 21. Juli 1944 zum obersten Befehlshaber des Ersatzheeres ernannt, gab einen Tagesbefehl heraus. Der Hintergrund für die Ernennung Himmlers war, dass das Ersatzheer, eigentlich logistisch und ergänzend für die Wehrmacht ausgerichtet, nun in den Händen des „allmächtigen“ Reichsführers lag, der das in den Reichsgrenzen innen liegende Heer an neuralgischen Punkten beliebig gegen innere Feinde einsetzen konnte. Damit wurde Himmler, neben der Tatsache, dass er „seine“ SS befehligte, erneut ein weiteres Feld des Machtapparates zuteil, während die Wehrmacht erneut an Einfliuss einbüßte. Hitler mißtraute den Offizieren der Wehrmacht nach den Attentat noch mehr als bereits zuvor.

„Das Schwarze Korps"

Tagesbefehl an das Ersatzheer

Der Reichsführer SS Heinrich Himmler hat als Befehlshaber des Ersatzheeres folgenden Tagesbefehl erlassen:

„Am 20. Juli hat mich unser Führer und Oberster Kriegsherr Adolf Hitler zum Befehlshaber des Ersatzheeres und Chef der Heeresrüstung ernannt.

Heute, am 1. August, an dem vor dreißig Jahren der Kampf um die Erhaltung, um das Leben unseres deutschen Volkes begann, wende ich mich zum erstenmal an euch.

Front und Heimat erwarten mit Recht vom Ersatzheer größte Leistungen. Wir werden weder die Kameraden an der Front noch das Teuerste, was unser Volk hat, Kinder, Frauen und Eltern, enttäuschen.

Ich weiß, das Heimatheer wird beispielhaft in seiner Treue und seinem Gehorsam sein.

Ich befehle, daß in den Garnisonen und Stäben Tag für Tag zumindest so lange ausgebildet wird, Dienst geleistet und Pflicht erfüllt wird, solange der Rüstungsarbeiter in seiner Fabrik arbeitet. Ich fordere, daß von Offizier und Mann und allen Angehörigen des Heeres kompromißlos die ehrliche Absage getan wird jeder Selbstsucht und dem verfluchten Etappengeist.

Ich verlange, daß jeder Offizier und jeder Mann, der in der Heimat eingespart werden kann, seinem Wunsche gemäß zur Front geschickt oder, wenn er dafür aus Gründen des Alters und der Gesundheit nicht tauglich ist, zur Rüstungsarbeit freigegeben wird.

Von den Offizieren und Beamten insbesondere erwarte ich, daß sie nur das eine Vorrecht wahrnehmen: mehr Pflichten zu erfüllen, mehr Dienst zu tun und an der Front noch tapferer und standhafter als die Männer zu sein.

Niemals wankend in unserer Treue und in unserem Glauben, ohne Zögern in unserem Gehorsam, anständig in unserer Gesinnung, nimmermüde in unserem Fleiß, gewissenhaft in der Erfüllung unserer Pflichten, haben wir uns vorgenommen, durch Tat und Leistung die Schande des 20. Juli vergessen zu machen und zu werden des Führers und seines Reiches nationalsozialistische Volksarmee.

Feldkommandostelle, den 1. August 1944.

H. Himmler.

Reichsführer SS, Befehlshaber des Ersatzheeres.

„Von den Offizieren und Beamten erwarte ich (...): mehr Pflichten zu erfüllen, mehr Dienst zu tun und an der Front noch tapferer und standhafter (...) zu sein, denn „wir haben uns vorgenommen, durch Tat und Leistung die Schande des 20. Juli vergessen zu machen (...)."

Hauptaussage des Tagesbefehls, dass Hitler und Himmler nach dem gescheiterten Attentat erwarten, dass kein Deutscher in seiner Treue zum und dem Glauben an den Führer wankt. Jeder möge fleißig seine Pflichten erfüllen und das Ersatzheer habe sich vorgenommen (durch Befehl Himmlers), „durch Tat und Leistung die Schande des 20. Juli vergessen zu machen und zu werden des Führers und seines Reiches nationalsozialistische Volksarmee."

Da passt der Brief eines 18-jährigen SS-Mannes an das SK gut ins Bild. Der Soldat – versehen mit heftigen Brandwunden nachdem er von Granaten der Engländer getroffen wurde („Meine Haut lässt sich schon ganz gut abziehen, nur die Augen sind noch verschwollen und eitern.") – bittet das SK, entgegen ärztlichem Rat, dass es sich für seine sofortige Entlassung aus dem Lazarett einsetzen möge. Was daraus wurde ist nicht bekannt. Zu vermuten ist aber, dass das SK die Bitte abschlug da ein solcher Kamerad an der Front eher eine Gefahr statt eine Hilfe ist.

Das SK bemängelt in einem weiteren Artikel, dass viele Deutsche zwar den „Vernichtungswillen“ der Feinde erkannt hätten, jedoch nicht bereit sind daraus auch die Konsequenz zu ziehen und entsprechenden Hass anstelle von Angst oder Mitgefühl an den Tag zu legen. Eine Frau Amanda S., die in Kiel wohnt und ihren dritten Sohn bei Panzergefechten verloren hat, aber dennoch von tiefem Stolz beseelt ist, beschwört in einem Leserbrief, dass sie gerne Mütter die nur einen Sohn verloren haben in Gesprächen von ihrer Trauer abbringen und somit auf die richtige Bahn bringen wolle.

Unter anderem werden in der aktuellen Ausgabe wieder Bilder von mit dem Ritterkreuz ausgezeichneten Soldaten abgelichtet. Diesesmal ist auch der Sohn des am 16. Oktober 1946 in Nürnberg hingerichteten Außenministers Joachim von Ribbentrop, Rudolf, dabei.

Der SS-Obersturmführer war an Panzerabwehrkämpfen in Russland beteiligt und fuhr, in aussichtloser Lage und sicherlich voller Todesangst oder auch überzogenem Mut, aus einem Panzer um sich schiessend durch die feindlichen Reihen. Rudolf von Ribbentrop starb 2019 kurz nach seinem 98. Geburtstag auf einem Gut bei Ratingen im Kreis Mettmann.

links: Rudolf v. Ribbentrop; rechts: Grabstein der Familie von Ribbentrop, Friedhof Hohlstraße in Velbert-Langenberg/Kreis Mettmann, Fotoauschnitt

25.11.2020 (MK). Ribbentrop sen. war im Zivilberuf Vertreter des Sektkonzerns Henkell, seine Frau Miterbin im Unternehmen. Sie wohnte nach seiner Hinrichtung zeitweilig am Westfalenweg in Wuppertal und starb hier 1973.

Einzelpreis 15 Rpf.

Berlin, 14. September 1944

Das Schwarze Korps

ZEITUNG DER SCHUTZSTAFFELN DER NSDAP

Organ der Reichsführung

Da hört alle Klugheit auf

14. September 1944 – deutsche Klugheit gegen feindliche Propaganda.

Mitte September setzt sich die Zeitung mit feindlicher und der eigenen Propaganda auseinander. Am 14. d.M. schrieb das SK, dass einzig dem deutschen Volk von seiner Führung immer klar vor Augen geführt worden sei, was die eigentlichen Ziele des Krieges seien, im Gegensatz zur Propaganda der feindlichen Kräfte. Analog beschreibt die SS-Zeitung, dass es notwendig sei sich mittels einer Art Impfung gegen allzu starke Einflüsse der gegnerischen Propaganda zu wehren, denn das deutsche Volk sei intelligent genug zu wissen, dass an ihm, nach einem verlorenen Krieg, Verbrechen begangen werden. Zwar gab es immer wieder Volksgenossen, die wie in einem Katechismus, die Folgen eines Krieges, vor allem, wenn wie im Spätsommer 1944 der Feind in den Reichsgrenzen ist, herunterbeten konnten, aber aktiv, wie bei einer Impfung, wurden sie nie. Die „Totalisierung des Krieges“ müsse entsprechend aktiv erneut gesteigert werden (Anm.: Goebbels rief zum „totalen Krieg“ bereits nach dem Ende der Schlacht von Stalingrad im Februar 1943 auf). Das sei nötig, wenn schon der „bolschewistische Hofjude(n) Ilja Ehrenburg (…) die asiatischen Horden auf(rufe) ‚das Blut der deutschen Frauen zu trinken'“ und „‚den Faschistenmädeln zu zeigen wer die Macht über sie hat' (…) und man sich an deren Todesqualen erfreuen werde.“ Ehrenburg war stalinistischer Propagandist, bekam 1948 den Stalin-Orden, 1952 den Lenin-Friedenspreis und was bis zu seinem Tod im Weltfriedensrat stellvertretender Vorsitzender.

Umso erfreulicher im Sinne des SK, dass Kurt Meyer, an seinem 51. Geburtstag in Hagen gestorben, SS-Oberführer, mit dem Ritterkreuz ausgezeichnet wurde. Dieses erhielt er für militärische Leistungen in der Normandie. Der 1945 wegen Ermordung von Kriegsgefangenen zum Tode verurteilte und 1954 begnadigte Meyer, war später Bundespressesprecher der HIAG.

Zum Zeitpunkt des Artikels war Meyer bereits in britischer Kriegsgefangenschaft, und da man annahm er sei gefallen, wurde er posthum sogar zum Generalmajor der Waffen-SS und SS-Brigadeführer befördert. Sein Sohn Kurt Meyer (jun.) befasste sich mit der Biografie seines Vaters ausführlich, kritisch und empathisch. Die grundlegende Erziehungsprämisse im Hause Meyer lautete (wie der Buchtitel): „Geweint wird wenn der Kopf ab ist!“

Aufn.: SS-Kriegsberichter King

Schwerterträger SS-Oberführer Kurt Meyer

„Schwerträger SS-Oberführer Kurt Meyer“ (Aufn. SS-Kriegsberichter King).

Einzelpreis 15 Rpf.

Berlin, 21. September 1944

Das Schwarze Korps

ZEITUNG DER SCHUTZSTAFFELN DER NSDAP

Organ der Reichsführung SS

Das klassische Beispiel

21. September 1944 – angeblich klassisch: deutsche Soldaten helfen polnischer Zivilbevölkerung nach dem Aufstand in der Stadt Warschau 1944.

Die Ausgabe vom 21. September 1944 befasste sich, restlos die Tatsachen verklärend, mit dem Aufstand gegen die Besatzer in Warschau – nicht zu verwechseln mit dem jüdischen Aufstand im Ghetto von Warschau im Frühjahr 1943. 1944 hatte die polnische Heimatarmee (Armia Krajowa – AK) im August damit begonnen, sich aktiv der Besatzungs- und Vernichtungspolitik der Nationalsozialisten zu widersetzen. Dies wurde von russischen Verbänden – welche die Polen aus ideologischen Gründen nicht unterstützten – aus sicherer Entfernung vom Ufer der Weichsel betrachtet. Hierbei, so das SK, wäre die Zivilbevölkerung in das Kampfgeschehen mit einbezogen worden. „(F)anatisierte polnische Horden“ haben, aufgestachelt von „bolschewistischen Hetzern“, ein Gemetzel veranstaltet, doch „erschöpfte Frauen und Kinder“ seien von „deutschen Hilfsmannschaften“ gerettet und mit dem Notwendigsten nach den Angriffen versorgt worden.

Zur Erinnerung: knapp 200.000 Tote gab es auf Seiten der polnischen Heimatarmee und den Zivilbewohnern, wobei alleine um die 180.000 Tote der Zivilbevölkerung zugerechnet werden mussten. Die Wehrmacht und die eingesetzten SS-Verbände hatten um die 10.000 Tote Soldaten zu beklagen. Besonders die nach ihrem Befehlshaber benannte und als besonders brutal geltende Sonderreinheit (Oskar) „Dirlewanger“ (einer aus, wegen strafrechtlicher und politischer Taten verurteilter, ehemaligen Soldaten zusammengestellten Einheit) tat sich hier mit besonderem Sadismus hervor. Zum Namensgeber: der selbstständige Steuerberater Oskar Dirlewanger war 1934 wegen Vergewaltigung einer 13-Jährigen zu einer mehrjährigen Zuchthausstrafe verurteilt worden und verlor seinen Doktortitel in Staatswissenschaften. Durch gute Beziehungen zu hohen NS-Funktionären erlangte er später ein Revisionsverfahren und einen Freispruch, bekam seinen Doktortitel zurück und wurde als „wehrwürdig" eingestuft. Er starb im Juni 1945 nach Misshandlungen ehemaliger polnischer oder französischer Zwangsarbeiter im Internierungslager (vgl. hierzu u.a. „Der Spiegel" v. 30/2008). So viel zu dem „Anstand" und der „Ehre" manch eines SS-Angehörigen.

Alle drei hauptverantwortlichen „Schlächter von Warschau", namentlich von dem Bach-Zelewski, Reinefarth und besagter Oskar Dirlewanger, erhielten für die Niederschlagung des Aufstandes Ende September das Ritterkreuz, Reinefarth sogar mit Eichenlaub (vgl. die Zusammenfassung aller Ritterkreuzträger des SS-Untersturmführers und HIAG-Mitgliedes Krätschmer, konkret hier: S. 782). Heinz Reinefarth wurde nach dem Krieg MdL in Schleswig-Holstein und Bürgermeister einer nordfriesischen Insel.

Dieser „heroische" Einsatz bei der Niederschlagung des Aufstandes, führte zur Verleihung des Ritterkreuzes an weitere Soldaten. SS-Standartenführer Wilhelm Mohnke, SS-Obersturmbannführer Otto Meyer, SS-Sturmbannführer Karl-Heinz Prinz, SS-Obersturmführer Scholz (auf den im Fortfolgenden noch verwiesen wird), SS-Sturmbannführer Robert Frank und SS-Untersturmführer Weise wurden u.a. mit dieser hohen Auszeichnung belobigt.

Mohnke, später zum SS-Brigadegeneral befördert, befahl u.a. das Massaker im nordfranzösischen Wormhout, bei dem knapp 100 Kriegsgefangene in einer Scheune zusammengepfercht wurden und mit Handgranaten ermordet wurden. Unter seinem Befehl gelang es im Juni 1944 nicht, die Alliierten in der Normandie aufzuhalten, die letzten Tage des Krieges verbrachte er im Führerbunker und war dann, nach missglückter Flucht mit einigen engen Vertrauten Hitlers, zehn Jahre in Kriegsgefangenschaft. Eine Nebenrolle spielte er später um 1983 bei dem Skandal um Heidemanns Bericht über Hitlers angebliche Tagebücher und dem nachfolgenden Skandal um die Zeitung „Stern". Er starb 2001 in Schleswig-Holstein.

Ritterkreuzträger Otto Meyer bekam den Orden für eine Heldentat im Januar 1944 ff. an der Ostfront. Was das SK verschweigt: der Orden wurde posthum verliehen, denn seit Sommer 1944 war Meyer in der Normandie und zum Zeitpunkt des Erscheinens des Artikels bereits gefallen (28. August 1944 an der Seine).

Auch Karl-Heinz Prinz fiel wenige Wochen nachdem er für das Ritterkreuz vorgeschlagen war und dieses im Juli 1944 erhielt, am 14. August desselben Jahres in der Normandie. Helmut Scholz, siehe auch die untenstehenden Ergänzungen, wurde im Januar 1945 noch zum SS-Hauptsturmführer befördert, starb 1997 in Herne. Auch Robert Frank, SS-Sturmbannführer, war bereits im April 1944 in der Ukraine gefallen und erhielt die Auszeichnung posthum. Zu Untersturmführer Weise wurden keine weiteren Hinweise gefunden.

Es entsteht der Eindruck, dass die Soldaten oft nicht zu Lebzeiten für eine wie auch immer geartete Tat ausgezeichnet wurden, sondern oftmals erst, wenn sie das Höchste, nämlich das eigene Leben, verloren hatten.

Einzelpreis 15 Rpf.

Berlin, 5. Oktober 1944

Das Schwarze Korps

ZEITUNG DER SCHUTZSTAFFELN DER NSDAP

Organ der Reichsführung SS

Sie würden sich wundern!

5. Oktober 1944 – Auszeichnung für Generaloberst der Waffen-SS Paul Hausser, dem späteren Gründer des gleichnamigen Sozialwerkes für SS-Mitglieder nach 1945.

Im Oktober 1944 berichtet das SK über die Ordensverleihung an den Generaloberst der Waffen-SS, Paul Hausser. Dieser – bei Erscheinen des Artikels bereits 64 Jahre alt – wurde laut Berichterstatter sogar von einem russischen und sich in Kriegsgefangenschaft befindenden General in den höchsten Tönen erwähnt, gerade im Hinblick auf faire Behandlung der Gegner und der soldatischen Pflichterfüllung. Hausser war in den NS-Kriegsverbrecherprozessen ein wichtiger Entlastungszeuge für die Waffen-SS-Angehörigen und stellte die Waffen-SS als unpolitische Truppe dar.

1951 war er Mitbegründer der „Hilfsgemeinschaft auf Gegenseitigkeit der Angehörigen der ehemaligen Waffen-SS e. V. (HIAG)“ Bis in die 1970er Jahre hatte der sich um Lobbyarbeit und soziale Belange der SS-Angehörigen sowie deren hinterbliebenen Ehefrauen und Waisen sowie um die Wahrung der NS-Tradition bemühende Verband, ein breites Netzwerk. Auch SPD- und CDU-Bundestagsabgeordnete gehörten diesem bis in die 1980er Jahre an. Zeitweilig sich zur HIAG bekennende Politiker waren der spätere SPD-Bundeskanzler Helmut Schmidt, der unter den Nationalsozialisten zehn Jahre im KZ inhaftierte SPD-Vorsitzende Kurt Schumacher, der zeitweilige Bundesvorsitzende des SPD-nahen „Sozialistischen Deutschen Studentenbundes SDS“ Ulrich Lohmar, der CDU-Bundeskanzler Konrad Adenauer oder auch CDU-Fraktionsgeschäftsführer Will Rasner (Wilke, S. 327 ff.). Diese grundlegend positive Haltung einiger Politiker änderte sich erst 1981 ff., als nach heftiger öffentlicher Kritik von diesen, offenbar auf Wählerstimmen fixierten, Volksvertretern erkannt wurde, dass die HIAG nationalsozialistisches Gedankengut vertrete respektive verharmlose.

Ein anderes Thema der SK-Ausgabe war das „Abspringen“ ehemals verbündeter Streitkräfte, wie Rumänien oder Bulgarien. Waren die Armeen anfangs durch deren Diktatoren an einer Zusammenarbeit mit Hitler-Deutschland interessiert und schlossen sich dem Bündnis Deutschland-Italien-Japan an, so wendete sich gegen Ende des Krieges, aufgrund der aussichtslosen Lage, das Blatt. In Rumänien wurde der Diktator gestürzt, der Schulterschluss zur Sowjetarmee gesucht. Bulgarien stand zunächst an der Seite der deutschen Wehrmacht gegen die rote Armee. Am Tag nach der Besetzung Bulgariens durch diese erklärte es Deutschland den Krieg und kämpfte mitsamt der stalinistischen Armee. Finnland kämpfte ab 1941 mit Hitlers Wehrmacht gegen Russland. Nachdem Stalins Soldaten ihre von Finnen besetzten Gebiete ab 1944 zurückeroberten, wendete sich die Einstellung und Finnland kämpfte nun gegen das Deutsche Reich.

Interviews mit italienischen SS-Freiwilligen sollen dokumentieren, dass der Kampfeswille nicht bei allen (ehemals) Verbündeten gerbrochen ist, gerade unter den anständigen Italienern (gemeint sind die überzeugten Faschisten) läge eine hohe Kampfmoral vor. „(D)ie Treue zum Duce“ und die „bewährte Freundschaft mit Adolf Hitler“ der Völker sei Grundlage hierzu. „Alle guten und gesunden Elemente des Italienertums (…) werden sich unter der Führung Mussolinis (…) in harter Arbeit, in unerschütterlichem und festigendem Glauben und mit Zähigkeit ein neues Italien schaffen und erkämpfen (…).“ Nach dem zu erwartenden Sieg müsse dann – im fortfolgenden und sicher auch gegen den inneren Feind seitens der Führung – „mit unerbittlicher Härte und Kompromißlosigkeit“ vorgegangen werden, gerade gegen die feige aus den Bergen heraus, hinterhältig operierenden Partisanen. Diese wissen angeblich oftmals selber nicht wofür sie kämpften, das sei abhängig vom jeweiligen Geld-/Auftraggeber, wohingegen der SS-Mann sein, wie im SK des Öfteren betont, idealistisches Ziel und den Weg dorthin genau kenne.

Das Schwarze Korps

ZEITUNG DER SCHUTZSTAFFELN DER NSDAP

Organ der Reichsführung SS

Wo ist da ein Unterschied?

7. Dezember 1944 – Volksschädling wegen privater Fahrten mit dem Dienstwagen.

Anfang Dezember 1944 berichtete das SK darüber, dass offensichtlich unter den deutschen Volksgenossen auch einige seien, die eine „eigenartige Moral“

vertreten, so der Unternehmer und Besitzer eines detailliert beschriebenen, roten PKWs. Und weil dieser Benzin, für private Fahrten seines Dienstwagens verwendet, gibt das dem SK nun Anlass dazu ihn als „Betriebsschädling“ und sogar als „Volksschädling“ zu bezeichnen, denn das Benzin habe seinen Zweck im Betrieb zu erfüllen (wie es der Betriebsführer auch von den Arbeitern erwartet) und darf nicht vergeudet werden. Es sei an dieser Stelle angemerkt: „Volksschädlinge“ wurden nicht selten direkt zum Tode verurteilt, egal welche Banalität hinter den Vorwürfen steckte. Die oben genannte Darstellung des Sachverhaltes muss also als direkte Drohung an Nachahmer verstanden sein.

Das Schwarze Korps

ZEITUNG DER SCHUTZSTAFFELN DER NSDAP

Weshalb sollten sie denn auch ...

14. Dezember 1944 – SS-Kampf gegen das „Barbarentum“.

Mitte Dezember 1944 beschränkte sich das SK mit der Beschreibung von heldenhaften Taten in aussichtsloser Lage und verleiht mal wieder Orden um den Kampfeswillen und die Moral zu erhöhen und zu halten. Helmut Scholz wird, so berichtet die Zeitung am 14.12.1944, zum Ritterkreuzträger mit Eichenlaub ausgezeichnet. Er hielt einen Angriff mit 50 sowjetischen Panzern auf, bei dem neun Panzer auf den Grabenbereich zufuhren den er zu verteidigen hatte; der Feind hatte hohe Verluste, die Verschiebung der Hauptkampflinie zugunsten der Russen wurde durch das Vorgehen des Bataillons an diesem Tage verhindert.

Das SK stellte sich die Frage „Sind wir Barbaren?“ und resümierte, dass vom jetzigen Kriegszustand aus betrachtet verneint werden müsse, denn im Krieg lägen andere „objektive“ Bewertungskriterien einer Moral vor, als in Friedenzeiten. Zumal dieser Krieg nicht von deutscher Seite, sondern eben gerade von jenen, die laut SS immer wieder vorgaben den Humanismus zu verkörpern. Als „Ausgeburt kranker Hirne“ bezeichnet das SK die Bombenangriffe der Amerikaner und Briten auf deutsche Städte (ohne zu erwähnen, dass auch die deutsche Luftwaffe vernichtende Angriffe flog) und „die bolschewistische Bestie“ zerfleische „blindwütig alles was ihr unter die Zähne gerät“ (auch hier bewusst nicht erwähnend, was SS und Sondereinheiten in der UdSSR ab 1941 anrichteten) und der „Humanismus“ sei nur ein „hohngetränktes Schlagwort.“

Diesem Barbartentum stelle sich der deutsche Soldat mitsamt seinen europäischen Verbündeten entgegen und die Fragestellung, ob man Barbar sei entspringende einem (abgewirtschafteten) letzten Jahrhundert. Schlussendlich müsse der Geist das „Elementare“ erkennen und es gelte ausschließlich die „dämonische Urgewalt“ der USA, Briten und Sowjets zu bekämpfen. Unter diesem Gesichtspunkt gelte also, dass man eher Kämpfer für das Gute ist bis dieses erreicht ist um dann „aus soldatischem Geist eine neue Ordnung der menschlichen Gesellschaft (zu) begründen.“

Dazu gehört sicherlich auch der 13-jährige Georg L., dessen Vater, SS-Untersturmführer, mit Stolz erfüllt sein wird, wenn er einen an das SK gerichteten Brief lesen wird. Der stolze Klein-Georg meldet sich freiwillig als Volksturmmann, im Hinblick darauf, dass ja auch der Vater seit 1923 für Deutschland kämpfe. „Ich hoffe, dass du auch so stolz auf mich bist. Mit Sieg Heil! auf Adolf Hitler!“ Die Mutter vermerkte, dass den Zeilen des Pubertierenden „DJ-Jungzugführer“ nichts mehr hinzuzufügen sei.

Die Redaktion des SK habe diesen Brief nach anfänglichem Zögern abgedruckt. Gezögert wurde nur deshalb, weil der Feind ansonsten mitbekäme, dass in Deutschland 13-Jährige eingezogen werden; gedruckt wurde er voller Stolz, weil die Amerikaner und Briten aus dieser Freiwilligenerklärung ableiten sollen, dass es sich auf Dauer nicht lohnt sich mit dem Deutschen Reich (bei einer solch heroischen Jugend) anzulegen.

1945 war schon längere Zeit absehbar, dass der Krieg für Deutschland endgültig verloren sein wird und außer einer Totalzerstörung des Reiches auch eine bedingungslose Kapitulation, 1943 von den alliierten Mächten ausgehandelt, die letztendliche Konsequenz sein wird, die die obersten Befehlshaber der deutschen Truppen noch umzusetzen hätten.

Das Schwarze Korps

ZEITUNG DER SCHUTZSTAFFELN DER NSDAP

Die Revolution ist stärker

8. März 1945 – revolutionärer Kampfgeist in aussichtsloser Lage.

SK vom 8. März 1945: „Die Revolution ist stärker" – der Glaube an das Erreichen des Endsieges als letztendliches Ziel der nationalsozialistischen Revolution ist laut SS-Kampfeswillen stärker als alle überlegenen Gegenoffensiven der Alliierten. „Wer vor irgendeiner Schwierigkeit, die der Krieg seiner Pflichterfüllung bereitet, kapituliert, handelt so wie der Soldat handeln würde, der seine Stellung verläßt, weil er die Entdeckung macht, daß da vorne scharf geschossen wird. Die Schwierigkeiten gehören zum Kriege wie das Schießen. (…) Auch die uns bereitete Schwierigkeit ist eine Waffe des Gegners, und wer Krieg führt, muß immer darauf gefaßt sein, daß auch der Gegner Waffen besitzt und anwendet."

Umso mehr betont das SS-Blatt, dass der notwendige Kampf gegen den Bolschewismus nun sogar international erfolge (vgl. hierzu auch Seidler). Eine mit typisch französischem Namen und nach der Romanfigur benannte Colette aus Paris, bei der „alles deutsch und nationalsozialistisch sei", der Bruder als Waffen-SS-Freiwilliger und sie als Verlobte eines SS-Mannes bat die Redaktion des SK sie von ihrer Firma rauszuholen und beim Roten Kreuz einzusetzen, denn eine unfruchtbare Tätigkeit sei ihr „peinlich" und sie wolle sich am

Endkampf bis zum Endsieg beteiligen. Colette wolle „es wert sein, meinen (Anm.: ihren) beiden SS-Männern zu gehören (sic!)“.

Der „Mut zur Härte“ wird gebetsmühlenartig in der Zeitung herunter gepredigt, ebenso Gräueltaten der Alliierten an der deutschen Bevölkerung hervorgehoben. Der finale Kampf um Budapest, vereint mit ungarischen Freiwilligen gegen die Rote Armee, wird als militärischer Dreh- und Angelpunkt betrachtet.

Das Schwarze Korps

ZEITUNG DER SCHUTZSTAFFELN DER NSDAP

Organ der Reichsführung

Es lebe der Führer!

„Es lebe der Führer!“, die letzte Ausgabe vom SK (12. April 1945) – entnommen aus archive.org.

„Es lebe der Führer!“ titelt das SK vom 12. April 1945, der letzten Ausgabe. Danach ist Berlin restlos eingekesselt, die Zeitung kann nicht mehr erscheinen. Das Bekenntnis zu Hitler in der Schicksalszeit, das Abrücken von der Bequemlichkeitsfloskel „Der Führer wird's schon richten“ und das sich entschuldigen für zu viel Nachgiebigkeit in der Vergangenheit („Verzeih uns Adolf Hitler, wenn wir je an dir gezweifelt haben sollten!“). Der Führer „hat keine Mutter, keine Frau, keine Kinder, die ihn in den Mantel der Liebe hüllen würden. Er hat nur uns: das Vertrauen, die Treue, die Liebe der Namenlosen, deren Taten und Worte wie aus ferner Brandung zu ihm sprechen.“ Glaubensbekenntnisartig betet das SK seine Durchhaltefloskeln herunter, so als ob diese Worte in den letzten Kriegstagen noch die radikale Kehrtwende des Kriegsgeschehens auslösen könnte. „Deutschland und Adolf Hitler sind eins.

Wo Adolf Hitler ist, ist Deutschland. So lange Adolf Hitler kämpft, kämpft Deutschland. Er ist unser Glaube, unsere Hoffnung und unsere Kraft.“ Hitler „feierte“ acht Tage später seinen letzten Geburtstag, von Krankheiten gezeichnet entstanden die letzten öffentlichkeitswirksamen Propagandafotos, auf denen er 15-jährigen HJ-Soldaten Orden verlieh.

Nicht einmal drei Wochen nach der letzten Ausgabe der SK verübte er mit seiner unmittelbar zuvor angetrauten Frau Eva Hitler, geborene Braun, Suizid.

Hitler kämpfte nicht soldatisch, sondern entzog sich feige der Verantwortung. So wenig er optisch seinen eigenen arischen Idealen entsprach, so wenig setze er die von ihm erwarteten soldatischen Tugenden um. Und: Deutschland kämpfte sogar noch länger als Hitler lebte. Über eine Woche, in der, wiederholt unnütz Leben vernichtet wurde, kämpften noch zersprengte Wehrmachtseinheiten. Oft unmittelbar in der Minute der Befreiung eines Ortes wurde noch des Führers Befehl ausgeführt und rücksichtslos gegen alle „Verräter“ an der nationalsozialistischen Sache in der anarchistischen Endphase des Krieges, unter dem Namen des Deckmantels des Befehlsnotstandes, vorgegangen.

Dreieinhalb Wochen nach dem Erscheinen der letzten SS-Zeitung „Das Schwarze Korps“ endete auch der Zweite Weltkrieg in Europa endgültig. Waren bereits ab dem Herbst 1944 die ersten größeren Städte durch Alliierte besetzt (bspw. Aachen), zog sich die Schlacht um den Ruhrkessel lange hin bis schlussendlich Mitte April auch hier die Entscheidung gefällt war. Letzte grausame und militärisch restlos unnötige Kämpfe im Großraum Berlin dauerten noch an. Die meisten der NS-Funktionäre und weitere Parteibonzen entzogen sich der Verantwortung durch Flucht oder Suizid und taten es somit ihren Führervorbildern gleich. Andere, wie Reichspropagandaminister Goebbels samt Ehefrau, wurden am Tag nach Hitlers Selbstmord noch zu Mördern der eigenen minderjährigen Kinder bevor sie sich selber Suizid begangen.

14 - 16-jährige Hitlerjungen, fanatische Endsiegkämpfer beiderlei Geschlechts und ältere Volkssturmmänner mussten zeitgleich noch gegen hasserfüllte Rotarmisten und auch die eigenen Wehrmachts- und SS-Kettenhunde (sprich: Feldpolizei) ankämpfen. Am 2. Mai endete der Krieg in Berlin. Das „Dritte Reich“ war eine Woche später durch die bedingungslose Kapitulation von der politischen Landkarte verschwunden und in vier Besatzungszonen aufgeteilt.

Am 23. Mai 1945 endete auch die Tätigkeit der letzten und politisch unbedeutenden („Flensburger“) Reichsregierung unter Admiral Karl Dönitz in Flensburg-Mürwik; bereits seit drei Wochen flohen von hier aus SS-Angehörige über die sogenannte „Rattenlinie“ nach Argentinien, die durch den SS-Kameraden und Flensburger Polizeipräsidenten Hans Hirsch mit neuen Papieren versehen wurden. Exemplarisch sei hier der spätere Mitbegründer einer Kameradschaft der „Hilfsgemeinschaft auf Gegenseitigkeit (HIAG)“, der General der Waffen-SS Hans Jüttner (nach 1945 Inhaber eines bayrischen Sanatoriums) genannt. Auf die HIAG wird im weiteren Verlauf noch kurz eingegangen werden.

Die Mitteilungen

ALLIIERTES NACHRICHTENBLATT DER 21 HEERESGRUPPE FÜR DIE DEUTSCHE ZIVILBEVÖLKERUNG

Preis 20 Pf. — Mittwoch, den 9. Mai 1945 — Nr. 9

DEUTSCHLAND KAPITULIERT

„Deutschland kapituliert – Der Krieg in Europa endete um Mitternacht am 8. Mai“ – „Die Mitteilungen – Alliiertes Nachrichtenblatt“ vom 9. Mai 1945.

„Wiking-Ruf" („Mitteilungsblatt der europäischen Soldaten der ehemaligen Waffen-SS für Vermißten-, Such- und Hilfsdienst")…

... und „Der Freiwillige" („Kameradschaftsblatt der HIAG – Hilfsgemeinschaft auf Gegenseitigkeit") von 1951 bis 2009 in verschiedenen Aufmachungen.

Die SS-Kameraden nach 1945 – vereint in der HIAG ab 1951

Während nach 1945 viele versuchten ihre Mitgliedschaft in der (Waffen-) SS zu verheimlichen oder diese zu banalisieren, gingen andere über und traten der noch fünf Jahre zuvor in der Zeitung „Das Schwarze Korps" als Feindbild titulierten Kirche bei. Der vormals protestantische, danach „gottgläubige" Oswald Pohl trat im Februar 1950, knapp 1 ¼ Jahre vor seiner Hinrichtung im Juni 1951, dem Katholizismus bei.

Der für die Justiz- und Hinrichtungsanstalt zuständige Oberpfarrer schreibt im Vorwort, dass das Bekenntnis Pohls gerade „auch die versöhnen (möge), die noch immer (sic! fünf Jahre nach Kriegsende) in Haß leben und das Unrecht, das ihnen angetan worden ist durch das System, dem der ehemalige General der Waffen-SS gedient hat. Er dient heute als ganzer Katholik Gott und Christus und Seiner göttlichen Liebe in der Welt".

„Credo – mein Weg zu Gott" – ernsthaftes religiöses Bekenntnis anno 1950 „von General d. Waffen - SS A.D." Oswald Pohl oder berechnende Taktik ein Jahr vor der Hinrichtung?

Pohl diente einem verbrecherischen NS- & KZ-Wirtschaftssystem und baute es aus. Er berechnete exakt, was ein Häftling in den Konzentrationslagern an Einnahmen erwirtschaftete. Neun Monate kostenneutrale Zwangsarbeit in SS-Betrieben abzgl. minimalster Essens- und „Unterbringungs-"kosten, plus Verwertung der Kleidung, der Goldzähne, der Knochen zur Seifenherstellung und der Haare für U-Boot-Abdichtungen des Verstorbenen. Nach Kogon kam Pohl auf einen Gesamtgewinn von 1630 Reichsmark pro Häftling (Kogon, S. 376 f.).

Andere, die es schafften vorzeitig entlassen oder nicht ans Ausland ausgeliefert zu werden, konnten knapp sechs Jahre nach der Kapitulation aus den seit Ende der 1940er Jahre agierenden SS-Kameradschaftsverbänden, 1951 die HIAG („Hilfsgemeinschaft auf Gegenseitigkeit") gründen und alsbald auch Ihre verbandseigene Zeitung herausgeben.

So wie der Gründer des SK, Gunther d'Alquen, in seinem Buch „Auf Hieb und Stich" bereits 1937 festhielt, dass er sich selber als eine Art „Presse-Soldat" verstand (vgl. ebd., S. 7), so waren auch die HIAG-Zeitungen mit soldatischem Vokabular versehen. Während einerseits die Interessen der inhaftierten Kameraden, der Einsatz für (vermeintlich?) benachteiligte Kriegsinvaliden oder der soziale Einsatz für notleidende Witwen mitsamt deren Kindern ehemaliger, gefallener oder verurteilter SS-Kameraden im Vordergrund stehen sollten, wurde jedoch auch ein punktuell extrem einseitiges und somit auch revisionistisches Geschichtsbild vermittelt.

Viele der HIAG-Akteure waren namentlich im SK herausragend dargestellte SS-Männer gewesen die sich nach wie vor als Teil einer Ordensgemeinschaft verstanden – mitsamt aller gemeinsam gemachten Erfahrungen, mitsamt allen gemeinsamen Idealen und mitsamt der Verpflichtung bedingungslos gemeinsam füreinander einzustehen.

Während man Kindern von SS-Kameraden Urlaub bei Gleichgesinnten ermöglichte, dazu aufrief Pakete an zu langen Haftstrafen verurteilte Kameraden zu schicken, Geldsammlungen für finanziell notleidende Witwen zur Verfügung stellte, Arbeitsangebote ausschrieb oder sich gegenseitig mit Nachrichten von und über Angehörige der (Waffen-) SS, die in den gleichen Kriegsgefangenenlagern inhaftiert waren, versorgte, wurde andererseits die

„Siegerjustiz" angeprangert, das Wissen um KZs und die dort verübten Gräuel negiert oder auch Kriegsverbrechen relativiert.

Wurde der sozial-arbeiterische und kameradschaftliche Aspekt der HIAG bspw. auch von den großen Parteien zunächst gutgeheißen, so distanzierte man sich jedoch später wieder.

Der spätere SPD-Bundeskanzler Helmut Schmidt, selber Wehrmachtsoffizier gewesen mit entsprechenden Kenntnissen über militärische und sich in der Gruppe psychologisch und soziologisch hochschaukelnden Prozesse, übte dahingehend Kritik an der HIAG, dass zwar der Zusammenhalt und die Kameradschaft wichtig sei, jedoch Kameradschaft müsse beim Verbrechen enden. Er räumte jedoch ein, dass es auch unter den SS-Angehörigen viele gegeben haben könne, die nicht immer freiwillig an den Verbrechen teilgenommen haben (Wilke, S. 341 f.). Das Faktum ist auch in anderen Studien (vgl. beispielsweise, ohne darauf explizit an dieser Stelle eingehen zu wollen, den Sozialpsychologen Harald Welzer) in puncto der Verbrechen der Wehrmacht belegt.

Somit war die HIAG und deren (Such-) Treffen für viele Angehörige die einzige Möglichkeit, auch nur ansatzweise etwas zu ihren vermissten Verwandten in Erfahrung zu bringen.

Gerade Mütter, deren Ehemänner und Söhne in Kriegsgefangenschaft oder unauffindbar waren, besuchten solche Treffen. Ansonsten gab es als einzige Suchmöglichkeit nur noch überlastete caritative und mit Karteikarten-Systemen arbeitende (ehrenamtliche) Hilfsorganisationen, die sich um aufgefundene Waisen, zurückgelassene Kinder und weitere x-Millionen Opfer des Krieges und der unrechtmäßigen Vertreibung kümmerten. Bezüglich der vermissten (jungen) SS-Männer konnte sich die HIAG gegenüber den Verwandten und Angehörigen profilieren. Oftmals wandten sich in der Nachkriegszeit komplett auf sich allein gestellte Frauen an jede helfende Hand. So auch an die HIAG, deren verbreitetes Netzwerk bei der Suche Erfolg versprach.

Zur Erinnerung: nicht jeder der mit 16 oder 17 Jahren zur SS ging tat dieses (im heutigen Sinne) freiwillig. Auch im Verwandten- und Bekanntenkreis des Autors schämen sich die nun um die knapp 85 - 95-jährigen Angehörigen noch heute, wenn sie erzählen, der 17-jährige „arisch" aussehende Bruder aus Nordfriesland sei bei der SS gewesen. Ebenso der 2019 verstorbene über 90-Jährige, der erzählte, dass er als 16 ½-jähriger junger Mann noch im Februar

1945 bei Hamburg einen Einberufungsbefehl alleine deshalb bekam, weil er äußerlich den Idealen der Truppe entsprach und eine „Karriere“ als HJ-Führer auf mittlerem Niveau gemacht hatte. Ein anderer wurde im Mai 1945 als SS-Angehöriger in Prag von Partisanen von einem Kirchturm gestürzt, als SS-Mann war er Teil des verhassten Besatzer-Systems. Dieser Truppe selber gehörte der damals 17 ¾-Jährige aus Wuppertal seit dem Frühjahr 1945 an, alleine seine körperliche „SS“-Statur reichte zur Einberufung aus.

Zudem gab es einen Gruppendruck, wenn bspw. ganze HJ-Einheiten im Kollektiv als „Geschenk“ an den Führer zur SS übertraten. Das bedeutet nicht, dass es auch zu einem großen Teil Idealisten und Fanatiker waren die sich zur SS bekannten, vgl. hierzu die Nachrufe einiger Todesanzeigen an anderer Stelle. Das bedeutet auch nicht das Relativieren irgendwelcher Verbrechen. Aber schlussendlich sind die gefallenen und vermissten SS-Männer auch Väter, Söhne und Angehörige von sie suchenden und um sie trauernden Menschen.

2425 B Gerding Siegfried, SS-Schtz., geb. 31.1.1927, ... SS-Div., Pz. Rgt. 9. II. Abt., FPN: 22 335 D, letzte Nachr. vermutlich aus Stettin?

2416 B Böseler Manfred, SS-Schtz., geb. 4.6.1927 in Wilhelmshafen, SS-Pz.Gren.Ers. Btl. 16, FPN: 20 016 D, letz. Nachr. 10.4.1945 Bad Saarow

2197 B Müller, Walter, SS-Pz. Gren. geb. 8.7.1927 in Brigach/Schwarzwald, SS-Pz. Gren. A. u. E. Btl.1, Spreenhagen, 10. Komp. soll mit Komp. angebl. zur 32. SS-Div. gekommen sein.

10182 B Völker Helmut, SS-Reiter, 12.4.1927 Herscheid (Westf.), FPN 22 771 C, Stab Kav.-Rgt. 15 Florian Geyer, vermißt seit 13.10.44 Raum Valasut (Ungarn).

Siegfried, Manfred, Walter, Helmut – mit 17 ½ Jahren noch im März 1945 zur SS-Division Totenkopf eingezogen oder in Ungarn, im Raum Prag, im Westen oder in Berlin vermisst – Jungmänner in Uniform, deren Mütter auf SS-Suchtreffen in den späten 1950er Jahren verzweifelt um Hilfe baten.

„HIAG-Suchdiensttreffen Karlburg 27./28. Juli 1957", Sammelanstecker.

So wie sich die SS in der internen Solidarität übte und alles dransetzte, dass ihresgleichen nicht Not leiden musste und (vermeintlich oder tatsächlich) versagte Hilfe erhielt, so gründete sie zur finanziellen Absicherung der Vorhaben eine nach Ihrem Generaloberst der Waffen-SS Paul Hausser benannte Stiftung. Ein Spendenaufruf im Jahre 1972, wenige Wochen vor dem Tod von Paul Hausser und dem 10-jährigen Bestehen des Sozialwerks, brachte erhebliche Summen zusammen – alleine 70.000 DM kamen bereits beim 90. Geburtstag zusammen. Offenbar gesellschaftlich anerkannt spielte zu seinen Ehren seinerzeit der überregional geschätzte Musikverein Ludwigsburg-Ossweil e.V.

Die Zeitung „Wikinger/Der Freiwillige" soll an dieser Stelle nicht explizit analysiert werden, das ist anderen Studien vorbehalten. Fakt ist, dass auch nach 1945 der Kameradschaftsgeist unter den SS-Angehörigen und deren Verwandten in der HIAG-Zeitung ab 1951 wie auch im SK bereits ab 1935 weiter aufrechterhalten wurde. Fakt ist auch, dass analog der Treue zueinander bedingungslos füreinander eingestanden wurde. Auch (strafrechtlich) verurteilte SS-Kameraden erhielten im Gefängnis Unterstützung, ebenso ins Ausland geflüchtete respektive deren zurückgebliebenen Familien. Fakt ist ebenso, dass viele der im SK abgelichteten und hochdekorierten SS-Kameraden ihre Mitschuld verleugnend und eigentlich wohlwissend, was an der Front, im KZ und im besetzen Ausland geschah, unkritisch und kameradschaftlich durch die HIAG aufgefangen wurden. Hunger und Tod in den KZs bspw. wurde als Folge der Kriegslage gewertet. Als unanfechtbares Tabu galt, sich mit diesen Themen intensiver und kritischer zu befassen. Das und auch das Hinterfragen des gesamten NS-Systems widersprach dem Ordensgeist der SS.

Das bedingungslose Füreinander einstehen, das im SK schlechthin zuoberst propagierte Ideal der SS, die mit der persönlichen Ehre verbundene Treue zum Kameraden und SS-Orden, blieb somit auch weit nach 1945 bestehen, oftmals auch durch den Verein „Stille Hilfe" organisiert. Doch das ist Stoff für eine weitere Publikation.

Nachbetrachtung

Auf den vorliegenden Seiten wurde detailliert auf die Entstehung der SS-Zeitung „Das Schwarze Korps“ ab 1935, deren Hauptakteure sowie den in der Zeitung am häufigsten vertretenen Feindbilder eingegangen. Es wurden alle vorliegenden Zeitungen aus der Sammlung durchgesehen und aus fast jeder etwas in der Chronologie von 1935-1945 eingebaut. Die zur Finanzierung der SS-Zeitung notwendige Werbung wurde vorab herausgearbeitet, ebenso auch die den SS-Orden untereinander verbindenden Hochzeits-, Geburts- und Todesanzeigen.

Die „Hilfsgemeinschaft auf Gegenseitigkeit der Angehörigen der ehemaligen Waffen-SS e. V. (HIAG)“ mitsamt ihrer nach 1951 erscheinenden Zeitungen griff den SS-Ordensgedanken auf, half bei der Suche nach vermissten Kameraden, unterstützte bei sozialen und finanziellen Problemen und verband auch über die Staatsgrenzen hinaus alte Kameradschaften bis in die 2000er Jahre hinein.

Seit dem Standardwerk von Heiner/von Kotze 1968 ist m.W. erstmal wieder ein Werk erschienen, welches sich in diesem Umfang bildlich und anschaulich, nicht ausschließlich wissenschaftlich, mit der Zeitung „Das Schwarze Korps“ befasst hat. Ziel dieses Werkes war es, die Wirkung der Zeitung, auch durch ihre Aufmachung, mit aufzuzeigen. Wissenschaftliche Kriterien oder analytische Hintergedanken spielten keine großartige Rolle. Auf vereinzelte mir bekannte Studien wurde verwiesen.

Die Zeitung „Das Schwarze Korps“ war überwiegend nur für die Angehörigen und Sympathisanten der SS-Ordensgemeinschaft gedacht, grenzte jeden Missliebigen aus und erhöhte somit alleine schon den eigenen Stellenwert.

Ausgegrenzt werden konnten: Behinderte, Homosexuelle (Schwule und Lesben), Kommunisten, Atheisten, Sozialdemokraten, Katholiken, Juden, Emanzen, Querulanten, Protestanten, Kritiker, NS-Abweichler, Bibelforscher, Adelige, Spießer, Humoristen, Beamte, Säufer, Selbstdenker, „Idioten“ etc. männlichen und weiblichen Geschlechts gleichermaßen. Selbst kriegsgeschädigte und nervenkranke SS-Angehörige konnten schlussendlich, bspw. in Hadamar bei Limburg a. d. Lahn geschehen, auf Betreiben der eigenen Kameradschaft in der noch heute zu besichtigenden Gaskammer im Keller der Psychiatrie vergast werden.

„Ehre, Treue und Kameradschaft“, so der Titel dieses Werkes, galten innerhalb des SS-Ordens, aber auch nur dann, wenn das Ordensmitglied bedingungslos in das Ordensgefüge passte. Das Sich-Auflehnen gegen diesen geltenden Ordensgedanken und das Verweigern der Ausübung von Verbrechen hätte nicht mit Erschießen oder ähnlichen folgeschweren Konsequenzen geendet. Der SS-Obergruppenführer Bach-Zelewski bestätigte 1961 vor Gericht, dass das Verhalten eines jeden Einzelnen eine „Charakterfrage“ war – man habe sich einfach versetzen lassen können (mit der Gefahr, bei den verantwortlichen Protagonisten in Ungnade zu fallen). Die Karriere sei gehemmt gewesen, jedoch erfolgte eine Degradierung nach der Rückversetzung, so auch SS-Brigadeführer Six, nicht (Kemper, S. 361 ff.).

Und: Wer blieb übrig, wer war sicher vor den Zugriffen im Namen des NS- und SS-Systems? Keiner, erst recht nicht der Querschnitt der „Ordens-“ oder auch der sogenannten „Volksgemeinschaft“ im System. Denn die im „Schwarzen Korps“ und nach 1945 in den HIAG-Zeitungen propagierte und im SS-Orden umgesetzte und bedingungslos geltende Ehre, Treue und Kameradschaft galt untereinander nur solange wie der einzelne Ordensangehörige funktionierte. Bei Abweichungen gab es keine Kompromisse. Das sollte, sofern isoliert betrachtete Tugenden des SS-Ordens auch heute noch vereinzelt als herausragend positiv und bedingungslos nachahmenswert dargestellt werden, sehr zum Nachdenken anregen.

Literatur

Arendt, Hannah: „Eichmann in Jerusalem – Ein Bericht von der Banalität des Bösen“, München / Zürich, 8. Auflage, 1998.

Binding, Karl / Hoche, Alfred: „Die Freigabe der Vernichtung lebensunwerten Lebens – Ihre Maß und ihre Form“, (Nachdruck o.O., o.J., erhalten 10-2020), Leipzig, 2. Auflage 1922.

Bremische Bürgerschaft (Hrsg.): „Die NS-Vergangenheit früherer Mitglieder der Bremischen Bürgerschaft“, Bremen, 2014.

Buchheim, Hans: „Anatomie des SS-Staates“, Band 1, Nördlingen, 4. Auflage, (1967) 1984.

Busch, Christophe / Stefan Hördler / Robert Jan van Pelt: „Das Höcker-Album – Auschitz durch die Linse der SS“, Darmstadt, 2016.

D’Alquen, Gunter: „Auf Hieb und Stich – Stimmen zur Zeit am Wege einer deutschen Zeitung“, Berlin, 1937.

Deschner, Karlheinz: „Das Kreuz mit der Kirche – eine Sexualgeschichte des Christentums“, Düsseldorf, 1992.

Ehlers, Fiona: „Berlin bei Nacht“ in: „Spiegel – Geschichte“: „Die 20er Jahre – Zwischen Exzess und Krise – wie ähnlich sich damals und heute sind“, Hamburg, Ausgabe 1 / 2020.

Erpel, Simone (Hrsg.): „Im Gefolge der SS – Aufseherinnen des Frauen-KZ Ravensbrück“, Berlin, 3. Auflage, (2007) 2018.

Frei, Norbert: „Karrieren im Zwielicht – Hitlers Eliten nach 1945“, Frankfurt, 2001.

Frei, Norbert / Schmitz, Johannes: „Journalismus im Dritten Reich“, 5. Auflage, München, 2014.

Frenssen, Gustav: „Lebenskunde“, Berlin, 1942.

Heiber, Helmut / von Kotze, Hildegard: „Facsimile Querschnitt – Das Schwarze Korps“, München, 1968

Höhne, Heinz: „Der Orden unter dem Totenkopf – Die Geschichte der SS“, Lizenzausgabe, Essen, 1975.

Hördler, Stefan: „Die ‚Gefallenen‘ – Nationalsozialisten als KZ-Häftlinge“, in: Osterloh, Jörg / Wünschmann, Kim (Hrsg.): „‚…der schrankenlosesten Willkür ausgesetzt‘ – Häftlinge der frühen Konzentrationslager 1933-1936/37“, Frankfurt, 2017.

Kemper, Robert M.W.: „SS im Kreuzverhör – Die Elite, die Europa in Scherben brach“, Hamburg, erweiterte Neuauflage, (1962) 1987.

Kiel, Markus: „‚Rein nationalsozialistisch gesehen…‘ – die kritisch betrachtete Biografie des SA-Führers und Wuppertaler Polizeipräsidenten Willy Veller“, agenda Verlag, Münster, 2019.

Koch, Peter-Ferdinand (Hrsg.): „Die Dresdner Bank und der Reichsführer – SS“, Hamburg, 1987.

Kogon, Eugen: „Der SS-Staat – Das System der deutschen Konzentrationslager“, Frankfurt am Main, (1946) 1959.

Kositza, Christian: „‚Das Schwarze Korps‘. Die Zeitung der Schutzstaffeln der NSDAP. Organ der Reichsführung SS über den Judeozid“, Norderstedt, 2013.

Krätschmer, Ernst-Günther: „Die Ritterkreuzträger der Waffen-SS“, Preußisch-Oldendorf, 3. Auflage, 1982.

Lilla, Joachim / Martin Döring / Andreas Schulz: „Statisten in Uniform: Die Mitglieder des Reichstags 1933–1945. Ein biographisches Handbuch. Unter Einbeziehung der völkischen und nationalsozialistischen Reichstagsabgeordneten ab Mai 1924“, Düsseldorf, 2004.

Lucks Günter / Stutte, Harald: „Ich war Hitlers letztes Aufgebot – Meine Erlebnisse als SS-Kindersoldat“, Reinbeck, 4. Auflage, Januar 2011.

Lower, Wendy: „Hitlers Helferinnen – Deutsche Frauen im Holocaust“, München, 2013.

Miltenberg, Weigand von (Pseudonym v. Herbert Blank): „Adolf Hitler – Wilhelm III.“, Berlin, 1932 (Nachdruck Bremen, 1983).

Mühlenberg, Jutta: „Das SS-Helferinnenkorps – Ausbildung, Einsatz und Entnazifizierung der weiblichen Angehörigen der Waffen-SS 1942-1949“, Hamburg, 2010.

Mumm, Michel (Pseudonym, Hans E.K. Richter): „Verflucht und zugenäht – Satirische Zeitgedichte aus dem ‚Schwarzen Korps‘- mit Zeichnungen von Murr“, Berlin, 1938.

Naumann, Friedrich: „National-sozialer Katechismus“, Berlin, 1897.

Osterloh, Jörg / Wünschmann, Kim (Hrsg.): „‚…der schrankenlosesten Willkür ausgesetzt‘ – Häftlinge der frühen Konzentrationslager 1933-1936/37“, Frankfurt, 2017.

Patzwall, Klaus D.: „Der SS-Totenkopfring – Seine illustrierte Geschichte 1933-1945“, 5. erw. Auflage, Melbeck.

Pohl, Oswald (General der Waffen- SS A.D.): „Credo – Mein Weg zu Gott“, Landshut, 1950.

Reichsführer – SS (Hrsg.): „Die Feier – Schrift für Lebensführung und Feiergestaltung in der SS – Erste Gabe“, (Nachdruck Berlin, 2010) Berlin, 1943.

Reichsführer – SS (Hrsg.): „Die Feier – Schrift für Lebensführung und Feiergestaltung in der SS – Zweite Gabe“, (Nachdruck Berlin, 2010) Berlin, 1943.

Roos, Daniel: „Julius Streicher und ‚Der Stürmer‘ 1923-1945“, Paderborn, 2014.

Sachslehner, Johannes: „Der Henker – Leben und Taten des SS-Hauptsturmführers Amon Leopold Göth“, Wien, Graz, Klagenfurt / Austria, 2013.

Schwarz, Gudrun: „Eine Frau an seiner Seite – Ehefrauen in der ‚SS-Sippengemeinschaft‘“, Berlin, 2. Auflage, 2001.

Staatliches Museum Auschwitz (Hrsg.:): „Auschwitz in den Augen der SS“, Auschwitz / Polen, 1998.

Stutte, Harald / Lucks, Günter: „Hitlers vergessene Kinderarmee“, Reinbeck, 2014.

Welzer, Harald: „Täter – Wie aus ganz normalen Menschen Massenmörder werden“, 2. Auflage, Frankfurt am Main, 2005.

Wieland, Giebel (Hrsg.:): „‚Warum ich Nazi wurde‘ – Biogramme früher Nationalsozialisten – Die einzigartige Sammlung des Theodore Abel“, Berlin, 2018.

Wilke, Karsten: „Die Hilfsgemeinschaft auf Gegenseitigkeit (HIAG) 1950-1990 – Veteranen der Waffen-SS in der Bundesrepublik“, Paderborn, 2011.

Zeck, Mario: „Das Schwarze Korps- Geschichte und Gestalt des Organs der Reichsführung SS“, Tübingen, 2002.

Züchner, Eva: „Der verschwundene Journalist – eine deutsche Geschichte“, Berlin, 2010.

Zeitungen:

„Das Schwarze Korps“ (SK) von 1935-1945, 90 Ausgaben aus dem Nachlass eines SS-Zeitungsabonnenten H. aus Berlin;

SK vom: 21. November 1935 / 16. Januar 1936 /9. April 1936 (einmal Fehldruck mit anderem Inhalt) / 16. April 1936 / 16. Juli 1936 / 23. Juli 1936 / 6. August 1936 / 15. Oktober 1936 / 27. August 1936 / 3. September 1936 / 10. Dezember 1936 / 17. Dezember 1936 / 14. Januar 1937 / 21. Januar 1937 / 11. Februar 1937 / 18. Februar 1937 / 25. Februar 1937 / 4. März 1937 / 11. März 1937 / 18. März 1937 / 30. März 1938 / 21. April 1938 / 21. Juli 1938 / 1. September 1938 / 12. Januar 1939 / 14. September 1939 / 19. Oktober 1939 / 8. Februar 1940 / 21. März 1940 / 11. April 1940 / 18. April 1940 / 25. April 1940 / 16. Mai 1940 / 6. Juni 1940 / 13. Juni 1940 / 20. Juni 1940 / 18. Juli 1940 / 22. August 1940 / 12. September 1940 / 3. Oktober 1940 / 31. Oktober 1940 / 21. November 1940 / 5.Dezember 1940 / 20. Februar 1941 / 22. Mai 1941 / 29. Mai 1941 / 26. Juni 1941 / 17. Juli 1941 / 31. Juli 1941 / 14. August 1941 / 21. August 1941 / 28. August 1941 / 11. September 1941 / 13. November 1941 / 11. Dezember 1941 / 15. Januar 1942 / 22. Januar 1942 / 29.

Januar 1942 / 12. Februar 1942 / 26. Februar 1942 / 19. März 1942 / 26. März 1942 / 2. April 1942 / 9. April 1942 / 7. Mai 1942 / 21. Mai 1942 / 25. Juni 1942 / 9. Juli 1942 / 27. August 1942 / 3. September 1942 / 17. September 1942 / 8. Oktober 1942 / 15. Oktober 1942 / 19. Februar 1943 / 25. Februar 1943 / 25. März 1943 / 1. April 1943 / 27. Mai 1943 / 1. Juli 1943 / 26. August 1943 / 20. Juli 1944 / 10. August 1944 / 14. September 1944 / 21. September 1944 / 5. Oktober 1944 /7. Dezember 1944 / 14. Dezember 1944 / 8. März 1945.

„Der Spiegel“ (online), Nummer 9/1964 vom 25.02.1964, Hamburg.

„Der Spiegel“ (online), Nummer 30/2008 vom 20.07.2008, Hamburg.

„Junge Freiheit“, Berlin, 35/06 vom 25. August 2006.

„Spiegel – Geschichte“: „Die 20er Jahre – Zwischen Exzess und Krise – wie ähnlich sich damals und heute sind“, Hamburg, Ausgabe 1 / 2020.

„Stern“, Hamburg, 34 / 2006 vom 17.08.2006.

„Wiking-Ruf“ / „Der Freiwillige“ (diverse Ausgaben); Gründung durch die „Hilfsgemeinschaft auf Gegenseitigkeit der Angehörigen der ehemaligen Waffen-SS e. V. – HIAG“, Jg. 1951 bis 2009.

Diverse Kopien von SS-Personalakten (Berlin), erhalten privat 2014 ff.

Internetseiten/-archive:

ww.archive.org

Zum Autor

Markus Kiel, geboren 1971 in Wuppertal, abgeschlossenes Studium der Sozialpädagogik in Münster, Erziehungswissenschaft in Düsseldorf, ebenso staatl. geprüfter Betriebswirt. Seit 2015 Veröffentlichung mehrere Bücher zur Regionalgeschichte Wuppertals in der NS-Zeit, Aufsätze zur Landvolkbewegung in Nordfriesland und zu Goebbels Frühzeit in der NSDAP in Wuppertal und dem niederbergischen Land. Beim agenda Verlag bisherige Buchveröffentlichungen zum Kreisleiter der NSDAP (2017) und zum Polizeipräsidenten in Wuppertal (2019).